从0到1赚到第一桶金

罗 凯◎著

中国经济出版社
CHINA ECONOMIC PUBLISHING HOUSE
·北京·

图书在版编目（CIP）数据

从 0 到 1 赚到第一桶金 / 罗凯著 . -- 北京 : 中国经济出版社，2025. 7. -- ISBN 978-7-5136-8200-8

Ⅰ. F830.593

中国国家版本馆 CIP 数据核字第 20253SV449 号

策划编辑　张梦初
责任编辑　高　鑫　戴　瑛
责任印制　李　伟
封面设计　仙　境

出版发行　中国经济出版社
印 刷 者　三河市宏顺兴印刷有限公司
经 销 者　各地新华书店
开　　本　880mm × 1230mm　1/32
印　　张　6
字　　数　130 千字
版　　次　2025 年 7 月第 1 版
印　　次　2025 年 7 月第 1 次
定　　价　52.00 元
广告经营许可证　京西工商广字第 8179 号

中国经济出版社 网址 http://epc.sinopec.com/epc/ 社址 北京市东城区安定门外大街 58 号 邮编 100011
本版图书如存在印装质量问题，请与本社销售中心联系调换（联系电话：010-57512564）

前言

PREFACE

当“搞钱”成为Z世代的集体暗号，当“副业刚需”写入都市生存手册，我们不得不直面一个现实：很多人对财富的认知，依然停留在农耕文明的思维范式——像播种小麦般期待线性回报，却对指数级增长的财富密码视而不见；勤勤恳恳地搬砖，却从未意识到自己正在为别人的金字塔添砖加瓦。

财富的本质，是一场认知革命。1926年，经济学家凯恩斯曾预言：“到2030年，人类每周只需工作15小时。”他精准预见了生产力的飞跃，却低估了人们对财富的认知惰性。今天，当AI绘画能替代千万设计师，当区块链技术让价值传递突破物理边界……我们终于看清：传统的“时间换金钱”公式正在崩塌，新经济版图中最稀缺的，是洞穿事物本质的认知锐度。那些年纪轻轻就能赚到第一桶金的人，无一例外都是“认知套利者”。

《从0到1赚到第一桶金》正是为众多渴望实现财富自由的人而打造的财富指南。它不是一本教你一夜暴富的秘籍，而是一本引导你改变思维模式、提升赚钱能力、实现财富跃迁的实战手册。

本书将从多个维度深度解构财富密码，摒弃一切不切实际的魔幻暴富神话，专注于对商业本质进行鞭辟入里的洞察：为什么说“打工无法致富”不是忽悠而是数学定律？为什么同样刷短视频，有人沉迷，有人却能捕捉商机？……因此，它不是喂到你嘴边的致富快餐，而是一把击碎你认知天花板的破壁锤。当你看完最后一页，可能会突然理解美团创始人王兴的那句话：“多数人为了逃避真正的思考，愿意做任何事。”

在追求财富自由的路上，最让人焦虑的从来不是资源的匮乏，而是思维里的“自动巡航模式”——财富从未消失，它只是由旧认知的废墟流向新思维的绿洲。现在，请你放下“求快钱”的焦虑，跟随本书，开启一场认知升级之旅。

目 录

CONTENTS

第三章 | 解锁掘金技能，释放财富潜力

第四章 | 锚定市场需求，设计“小快灵”的项目

第五章 | 深度融合认知与需求，构建自己的商业模式

第一章

从 0 到 1，到底有多远

人人都渴望挖到人生第一桶金，为什么有的人总能轻松实现财富突破，而有的人却一直在原地打转？其实，很多时候，困住一个人的不是资源的匮乏，也不是机遇的稀缺，而是固化的思维模式和畏缩不前的心态。

“一夜暴富”的真相

“一夜暴富”是许多人的梦想。买彩票中大奖、投资的股票翻倍、创业公司成功上市……这些故事听起来让人热血沸腾，仿佛只要抓住一次机会，就能彻底改变人生。

事实真的如此吗？真相是，当一个人深陷“一夜暴富”的幻梦无法自拔时，往往意味着离“一夜爆雷”不远了。那些真的“一夜暴富”的，其实并非仅仅依靠运气，更多的是背后无数日夜付出的一种兑现。

2012年，Instagram在社交领域崭露头角，展现出巨大的发展潜力，引起了当时社交媒体巨头Facebook（后更名Meta）的密切关注。Facebook的掌门人马克·扎克伯格对Instagram的前景十分看好，有意将其纳入麾下。

那段时间，扎克伯格与Instagram的联合创始人凯文·斯特罗姆就收购事宜展开了多轮深入洽谈。当时的Instagram仅仅才诞生500多天，却已经凭借其独特的功能和社交模式，在全球吸引了大量用户，展现出非凡的商业价值。之后，扎克伯格以10亿美元收购了Instagram。

在斯特罗姆签下名字的那一刻，看似是Instagram团队“一夜暴富”，但这背后实则是他们长时间对产品的精心打磨，对市场趋势的准确把握。从构思Instagram的独特功能，到不断优化用户体验，团队成员付出了无数心血。可见，这种“暴富”绝不是简单的运气使然，而是厚积薄发的结果。

《福布斯》曾对那些估值达到 10 亿美元以上的创业公司进行了多年的跟踪调查，结果显示，这些公司从创立到实现爆发式增长，平均需要经历 6.4 年的蛰伏期。区块链行业在 2017 年涌现的 47 位“比特币首富”中，有 39 位早在 2013 年就持续购入当时市值波动剧烈的数字货币。当很多媒体用“横空出世”来形容拼多多的创始人黄峥时，选择性地忽略了他从 2007 年起在谷歌中国积累的电商认知，以及在游戏创业时期沉淀的社交裂变经验。

但是，现实中很多人看不清“一夜暴富”背后的底层逻辑，时常错误地解读他人的第一桶金。一个主要原因是，我们的大脑对非线性增长存在认知盲区。当我们看到竹子在一夜间蹿高 90 厘米时，常常忘记它已经在地下默默构建了 5 年的根系网络。

要理性地看待所谓的人生第一桶金，需了解那些藏在时光褶皱里的“暗物质”。任何一种商业奇迹，都只能诞生于认知、资源、时机的三重熔炉。那些宣称可以绕过这个物理定律的致富秘籍，本质上和兜售永动机图纸的骗局没有区别。

所以，当我们看不清、看不懂“一夜暴富”的真相时，一定要重构对“从 0 到 1”的认知模型。真正的“从 0 到 1”，是一个持续积累、不断学习、逐步突破的过程。在这个过程中，我们需要了解三个最基本的真相。

真相一：所有“瞬间爆发”都是“时间折叠”。

财富增长的本质是能量密度的积累和时间跨度的折叠。在现实中，我们看到的成功瞬间，实则是将数年甚至数十年的认知迭代、资源整合、试错成本压缩成“认知奇点”。

真相二：财富遵循“系统复利”法则。

通常，财富的增长遵循这样一个公式：财富的加速度＝认知复利 × 决策密度 × 抗风险系数。这个公式里没有魔法变量，每个乘数都需要用时间作为基本计数单位。所谓“弯道超车”，不过是持续校准方向的过程；而“风口起飞”，本质是经年累月锻造翅膀的必然结果。

真相三：“暴富神话”是幸存者偏差的认知陷阱。

大脑为节省能量，会用“关键瞬间”替代复杂过程，就像用电影高潮片段概括整部剧情。所以，我们会无意识地将离散的偶然事件编织成线性因果链，如乔布斯“退学成就苹果”等。

现代物理学发现，可见物质仅占宇宙总质量的4.9%，真正主宰世界的是暗物质和暗能量。商业世界同样如此——媒体渲染的财富神话只是浮出水面的冰山之尖，而真正决定成败的“商业暗物质”，往往需要经历“量子隧穿效应”般的长期积累。

所以，当我们痴迷于“一夜暴富”的幻梦时，不妨好好想一想其背后的真相。成功没有捷径，人生的第一桶金，不会凭空砸在毫无准备的人头上。它需要我们脚踏实地，在自己擅长的领域深耕细作，用时间沉淀经验，用努力换取机遇，一步一个脚印地丈量从0到1的距离。

靠“搬砖”真的能财富自由吗

在我们的认知里，“搬砖”往往意味着用辛苦劳作换取微薄的收入。在互联网时代，“搬砖”一词又延伸到了虚拟世界，如游戏搬砖成为不少人眼中的新路径，人们期望通过在游戏里不断重复刷怪、做任务等操作，获取虚拟物品再变现，实现财富的积累。

那么，靠这些不同形式的“搬砖”，真的能够实现财富自由的终极梦想吗？

一天，刘航在玩一款新的大型多人在线角色扮演游戏时，敏锐地察觉到不同服务器之间游戏“金币”的价格存在显著差异。当某老区的金币价格比新区低 30% 时，刘航仿佛找到了“财富密码”。

他迅速制订计划，首先在老区大量收购低价金币，然后通过账号转移操作，将这些金币带到新区高价出售。那段时间，他几乎日夜守在电脑前，眼睛紧紧盯着各个服务器的金币价格波动。最疯狂的那一周，他顾不上吃饭睡觉，全身心投入到这场虚拟世界的“搬砖”大业中。

然而，好景不长。仅仅过了一个月，“金币”价格就掉了 80%，不同服务器间的价格差也被拉平，套利空间从最初的 30% 急剧压缩到了不足 1%。不仅如此，游戏官方察觉到了这种异常的金币交易行为，认定这属于扰乱游戏经济秩序的违规操作，封了他的账号。那一刻，刘航之前所有的投资，以及辛苦囤积的金币化为乌有。

可见，游戏世界看似满是机会，吸引着众多人投身其中“搬砖”套利，可实际上，这不过是一场镜花水月般的幻梦。再如，过去不少人将 YouTube 视频转制上传到 TikTok 谋取利益，在 AI 查重系统升级后，多数账号遭到封禁。这都揭示了一个残酷的真相：所有无差异化的重复劳动，终将被算法和资本碾压。就像 19 世纪美国淘金热中，真正致富的不是矿工，而是卖铲子的商人；21 世纪互联网“搬砖”运动里，开发套利脚本的程序员、提供 API 接口的服务商，才是真正收割红利的角色。

现在，你还相信在互联网世界“搬砖”能致富吗？与其盲目地寻找所谓的“搬砖”捷径，不如静下心来，好好给自己脑补一番，避免在这方面犯一些低级的错误。

1. 莫把运气当作能力

在一个短暂的时期，有的人可能凭借运气在“搬砖”中获得一些收益。比如，偶然抓住某个热门趋势，跟风操作取得短期成果，便天然地认为自己掌握了“金融炼金术”。其实，那只是市场非理性波动的偶然馈赠——就像在赌场掷骰子连续押中三次“大”，绝不代表发现了赌博稳赢的终极公式。

运气是不可控且难以持续的因素，一旦市场环境变化或风口过去，仅凭运气的“搬砖”者往往会被迅速打回原形。真正的能力是基于扎实的知识、丰富的经验和不断学习适应变化的综合素质，只有依靠能力获得的财富才具有稳定性和可持续性。

2. 不要忽略隐性成本

在“搬砖”时，人们往往只关注到直接的金钱投入和显而易见的收益，却常常忽略了那些隐藏在背后的隐性成本，如时间成本、健康成本、心理成本、机会成本等。

以时间成本为例，它是最容易被忽视的隐性成本之一。当你花费大量时间在互联网上从事看似简单的“搬砖”工作时，如长时间盯着屏幕进行数据录入、机械地回复大量无意义的信息等，你失去的是提升自己技能、陪伴家人或者休息放松的宝贵时间。这些被消耗的时间本可以用来学习一门新的编程语言、提升自己的营销能力，从而为未来创造更多的可能性。然而，在日复一日的“搬砖”中，这些潜在的发展机会被白白浪费，而你可能还浑然不觉。

1902 年，意大利移民巴尔迪尼在纽约街头卖冰时发现：卖冰者永远在重复凿冰、运输、融化的循环，而制冷机发明者却可以躺着收专利费。今天这个现象正在数字世界重演——靠手动搬砖的“数字劳工”，与建造算法引擎的“规则制定者”，本质是农业文明与工业文明的代际战争。

《原则》作者达利欧说：痛苦 + 反思 = 进步。当你发现手指因重复点击而僵硬时，该思考的不是如何更快地点击，而是如何制造一台自动点击器。毕竟，真正的财富自由，永远属于那些用认知差碾压信息差的人。

从“月光族”到“财务自由”

很多初入职场的年轻人，常有这样的切身体会：每个月工资一到手，还没焐热乎，就被房租、水电、信用卡账单瓜分殆尽……

从表象上看，造成这种状况主要有两个原因：一方面，初入职场，薪资相对有限，而生活成本却在不断攀升。大城市里，房租占据了工资的很大一部分，再加上日常的饮食开销、交通费用，每一笔看似不多的支出，累积起来就成了沉重的负担。另一方面，消费观念也在其中起到了推波助澜的作用。在这个消费主义盛行的时代，各种广告和社交媒体不断向年轻人灌输着“及时行乐”的观念，各种精致的商品和诱人的体验让人难以抗拒。看到别人拥有的东西，自己也想要，不知不觉就陷入了盲目消费的陷阱。

从更深层次来看，这种现象属于认知问题。具体来说，“月光族”普遍存在以下三大扭曲的认知：

1. 多巴胺通胀陷阱

神经经济学家特雷尔·卡尼进行过一项发人深省的实验：当人们面临“立刻获得500元”和“一年后获得2000元”这两种选择时，令人惊讶的是，年轻人选择前者的比例竟高达89%。这一数据深刻地揭示了当下年轻人在面对即时满足与长远利益时的倾向。

在现代社会，各种消费诱惑无处不在，它们如同一个个微小的“多巴胺触发器”，刺激着人们的大脑分泌多巴胺，给人们带来愉悦感。为了这短暂的快乐，年轻人往往愿意放弃更高的潜在收益。就像用 500% 的潜在收益率去兑换一杯奶茶带来的即时快感一样，看似轻松惬意，实则是在为当下的快乐付出高昂的未来成本。这种“多巴胺通胀”，使得消费欲望不断膨胀，让财务规划变得越发困难。

2. 社交货币幻觉

如今，常常能看到背着名包，戴着名表挤地铁的年轻人，他们看似光鲜亮丽，实则在为“想象中的观众”买单。在社交媒体的影响下，人们过度追求外在的认可和他人羡慕的目光，将品牌和奢侈品视为提升自身价值与社会地位的象征。

《福布斯》的一些调研显示，真正的富豪在日常消费中极为理性，他们的日常用品均价不超过收入的 0.3%。与之形成鲜明对比的是，一些普通人不惜用 6 个月工资去供养一块劳力士绿水鬼，这就如同用金锄头种地般不切实际。这种过度消费不仅让自己陷入财务困境，更反映出他们对真正价值的错误认知，将物质等同于尊严和地位，忽略了内在品质与实际生活需求。

3. 财务认知的“次元壁”

某知名大学的一项测试结果令人心惊。当被要求计算“每月定投 5000 元，年化 12%，20 年后总收益”时，92% 的参与者计算误差超过 100 万元。这一数据表明，大部分人对基本的财务知识和投资收益缺乏正确的理解。

更可怕的是，近八成的人坚信“理财是有钱人的游戏”。这种思维定式如同一个无形的枷锁，将许多年轻人挡在了财富增长的大门之外。他们没有意识到，理财并非有钱人的专利，而是一种可以通过学习和实践掌握的技能。正是这种错误的认知，使得他们错失了通过合理规划和投资实现财富积累的机会，这比任何消费陷阱都更加致命。

从本质上看，实现财务自由就是一场“认知越狱”。当你意识到星巴克的拿铁不是饮料，而是“时间贴现率的液态化身”，当你看穿直播间“最后100单”的本质是“多巴胺的定向爆破”，当你把工资卡视为“生产资料”而非“消费燃料”，这场越狱才算完成50%。

所以，从“月光族”到“财务自由”，最要紧的不是广开财路，也不是花钱精打细算，过极度节俭的苦行僧式生活，而是打破上述束缚思维的错误认知。正如《穷爸爸富爸爸》作者罗伯特·清崎所说：“富人购买资产，穷人购买负债，中产阶级购买自以为是资产的负债。”

第一桶金为何如此难掘

“第一桶金”这个词，对于许多人来说，充满了期盼和焦虑。它代表着财富的一个新起点。当一个人掘到人生的第一桶金时，意味着他已经建立了一个基础的财富单元，标志着他从财富的探索者转变为创造者和积累者。有了这个“1”，他便拥有了进一步投资和扩张的资本，甚至可能实现财富的裂变式增长。

然而，从 0 到 1，不只是财富数字上的突破，更是思维与能力的跨越。很多人始终无法掘到这第一桶金，并非因为运气不好，或者行业不景气，归根结底，问题还是出在思维与能力上。概括来说，主要原因有三个：

1.“勤劳致富”的迷思

很多人将“第一桶金”浪漫化，想象它像天上掉馅饼一样，可以不劳而获。真相是，它并非从天而降的神迹，而是辛勤耕耘后收获的果实，前提是播种的是“好”的种子。

你或许已经付出了汗水和时间，甚至付出了比别人更多的努力，可为什么依然一无所获？原因之一是过度迷信“勤劳致富”。努力工作不一定赚钱，勤劳不一定就能致富，尤其是在今天，如果你还在用过时的思维模式做事，还在单纯依靠传统意义上的蛮干、苦干赚钱，恐怕很难真正掘到人生的“第一桶金”。

勤劳只是基础，不是保障。比如，有些人每天加班到深夜，工作勤勤恳恳，数年如一日，工资却只涨了一点点，远不如那些看起来更“轻松”的同事。他们不是不够努力，而是陷入了“勤劳的陷阱”——专注于“做事”，忽略了“做对的事”“做更有价值的事”，只是埋头苦干，沿着既定的路线不停地走。若你不善于提升自己的劳动价值与能力，那么你所坚持的“勤劳”也就变得“廉价”了。

2.“钱难赚”的受害者心态

我们经常抱怨钱难赚。其实，这种心态本身会阻碍赚钱。为什么？一是抱怨会滋生消极情绪；二是这种心态会使人的注意力过度集中在困难上。更重要的是，它会影响与他人的合作。

比如，总是说“工资太低了”“物价太高了”“房租太贵了”……久而久之，就易形成一种“受害者心态”——自己完全是无辜的，是外界因素造成了自己目前的局面。特别是在赚钱这件事情上，拥有这种心态的人会将很多问题归咎为“经济环境不好”“别人有资源与人脉，而我没有”等外部因素，从而忽略了对自身行为的反思。

“钱难赚”是一种客观事实，但它不是借口。与其抱怨，不如积极寻找解决办法，将注意力从“困难”转移到“机会”，从被动接受变成主动出击，多问问自己：“我能做什么来改善现状？”“我能学习什么新技能来提升收入？”“我能开发哪些新的资源来拓展赚钱渠道？”

3. 被动等待的“馅饼”

很多人都有这样的幻想：某个幸运的时刻，自己意外发了一笔横财，从此财富自由。比如，有人总是寄希望于中彩票、获得巨额遗产或者遇到其他类似的好事。这种等着天下掉“馅饼”的心态，其实是一种扭曲的财富观。不可否认，这个世上总有那么一些幸运儿会遇到这等好事，但这仅是凤毛麟角的个例，绝非普遍的财富获取途径。

要摆脱上述困境，需要从思维模式和行动策略上做出根本性的改变——不仅要提升赚钱技能，更要转变思维方式。要做到最基本的三点：

一是理解财富的本质。财富是通过创造价值、提供服务或承担风险获得的回报，不是天上掉下来的“馅饼”。二是把精力放在可控的事情上。毕竟，对于常人来说，“一夜暴富”的概率微乎其微。与其沉迷于幻想，不如脚踏实地，专注于提升自身能力，创造价值，这才是获得财富的正确途径。三是不断提升自身的价值和竞争力，包括学习新的技能、提升专业知识、拓展人脉等。

由此可见，掘不到第一桶金并非偶然，而是多种因素综合作用的结果。当我们有能力掘到第一桶金时，便有机会掘到后面的成百上千桶金——从 1 到 100 是一个累积的过程，其难度要远远低于从 0 到 1。一旦我们跨越了从 0 到 1 的阶段，便为后续财富的积累和裂变打开了大门。

精准定位你的优势

在商业世界中，无数创业者、投资者在市场的浪潮里奋力拼搏，有的折戟沉沙，有的却能脱颖而出，书写辉煌篇章。为何会有如此大的差距？答案往往就藏在精准定位之中。精准定位，是一个人创富成功的关键，而精准定位的核心，又在于这个人能否清晰地洞察自身优势，并将其与市场需求完美契合。

2014 年，一家名为“小罐茶”的公司悄然成立。彼时的中国茶叶市场已有 6 万家茶企，但高端礼品市场是一片空白。创始人杜国楹发现，中国人走亲访友讲究“烟酒茶”——烟有中华，酒有茅台，唯独茶缺少一个国民级高端品牌。

杜国楹将小罐茶定位为“大师作 · 高端礼”，通过整合八大名茶、强调“一罐一泡”、宣传“大师制作”等特色，结合创新的包装设计、豪华的门店体验以及强大的营销推广，包括邀请苹果体验店御用设计师设计门店、在央视等平台进行大规模广告投放等举措，迅速提升了品牌知名度和影响力。在 2016 年 7 月正式上市售卖后，小罐茶发展迅猛，2018 年零售额达 20 亿元。

这个案例揭示了一个财富法则：精准定位不是“我有什么”，而是“市场需要什么，而我能做到极致”。

在商业丛林里，成功者往往不是全才，而是擅长把长板磨成锥子的人。现实情况是，多数人沉迷于补短板。这就像一个程序员若既写代码又做销售，大概率会两头落空。写代码是程序员的专长，是其立足的长板，而销售则属于其相对陌生的领域。当程序员将大量时间和精力分散到销售工作中时，一方面，由于其缺乏专业的销售技能和经验，很难在销售领域取得出色的成绩；另一方面，原本用于钻研代码技术、提升专业能力的时间被占用，导致其在擅长的领域也无法做到极致：最终可能在两个方面都无法达到理想的效果。《哈佛商业评论》研究显示，顶尖企业家的优势集中度是普通人的 3.7 倍，他们用 20% 的核心能力撬动 80% 的成果。

对于普通人来说，该如何精准定位自己在创富方面的优势呢？关键有三步。

1. 自我扫描：别做六边形战士，做锥子

普通人创富，不应追求全面发展做“六边形战士”，而要聚焦于一点，成为“锥子”。回顾过往经历，仔细梳理那些让自己产生强烈成就感、轻松应对且成果出色的事。比如：有人在学生时代组织社团活动时，展现出非凡的协调与沟通能力，能迅速凝聚团队、高效推进项目；有人在日常工作中，撰写的文案总是又快又好，逻辑清晰且富有创意。这些经历背后所蕴含的组织能力、写作天赋等，就是个人优势。深度挖掘这些优势，能让我们在创富路上找到精准发力点，避免精力分散，以优势为利刃，开辟属于自己的创富路径。

2. 市场对焦：从“我觉得”到“市场要”

在自我扫描找出自身优势后，还需与市场需求精准对焦。很多人在创富时容易陷入“我觉得”的思维误区，仅凭个人喜好和主观判断行事，却忽略了市场的真实需求。

要实现从“我觉得”到“市场要”的转变，首先得深入市场调研，关注行业动态，分析市场趋势，了解当下热门需求与潜在空白。比如：近年来，随着健康意识的提升，健身、健康食品等领域需求大增；互联网发展迅猛，线上教育、远程办公软件等市场广阔。

同时，注意观察身边人的需求痛点。在日常交流、社交媒体讨论中，往往藏着线索。比如，人们抱怨通勤路上时间难利用，就有人开发出适合碎片化学习的音频课程。

要努力将自身优势与市场需求结合，若你擅长编程，又发现市场对某类便捷生活的App需求大，那开发相关产品或许就是创富方向。只有让优势契合市场，提高成功概率，才能在创富之路上走得更稳。

3. 验证迭代：小步快跑，拒绝完美主义

个人创富资源有限，应以最低成本验证市场需求。比如，你发现自己擅长手工制作饰品，打算以此创富，不要一开始就投入大量资金租店面、进设备。可以先在社交平台上展示作品、接受预订，用这种低成本的方式初步判断市场反应。同时，在这个过程中，重点监控三个核心指标：用户留存率、边际成本、复购率。

用户留存率能反映是否解决了用户的实际需求。若购买过饰品的用户不再关注，就要思考产品是否戳中用户痛点。边际成本决定着规模扩大的潜力，随着订单增多，要想办法降低单位成本，如优化采购渠道。复购率体现用户的认可度，高复购率说明产品有吸引力。要是复购率低，就得改进设计或提升品质。

通过小步快跑的方式，不断收集这三个核心指标的数据，并基于反馈快速调整。不要追求一开始就做到完美，而要在实践中持续改进，让创富优势更贴合市场需求，以提高成功的概率。

总之，在创富路上，你的优势是一把刀，而市场则是将其打磨锋利的磨刀石。当你站在从0到1的起点时，请记住：不要做“更好的”，而要做“唯一的”；不要追逐风口，而要成为风口本身。

绘制你的财富蓝图

如果你要建造一座摩天大楼，第一步会做什么？你可能会说："打地基"或者"准备材料"。其实，真正的第一步应该是绘制一张详细的建筑蓝图。没有蓝图，再好的材料和工具也无法让大楼拔地而起。

同样的道理，如果你想赚到人生中的第一桶金，第一步不是盲目地投入时间和精力，而是绘制一张清晰的"财富蓝图"。

2005 年，25 岁的李想在既无深厚汽车行业背景，又缺乏雄厚资金支持的情况下，凭借对汽车的热爱与钻研，创办了汽车之家。他怀揣打造"中国最大的汽车垂直媒体平台"这一清晰蓝图，开启了创富之旅。

起初，汽车之家只是个小众论坛，李想凭借对汽车的了解，为用户提供专业且实用的内容，吸引了大量汽车爱好者。随着用户增多，他不断丰富网站功能，如增加车型库、经销商信息等板块，满足用户多样化需求。汽车之家逐渐发展壮大，最终成为极具影响力的汽车垂直媒体平台，并成功上市。

此后，不满足于现状的李想未停下脚步。他敏锐地捕捉到新能源汽车的发展趋势，于 2015 年创立"车和家"（后更名为"理想汽车"），致力于为家庭打造高品质新能源汽车。李想再次明确目标，以解决家庭出行痛点为导向，推出理想ONE等车型。通过持续创新与优化，理想汽车在竞争激烈的新能源汽车市场站稳脚跟，并不断开拓新的财富版图。

李想的成功绝非偶然。他清楚地知道自己要什么，也知道该怎么去实现。而这，正是绘制财富蓝图的核心意义。

要实现财富的从0到1，为什么我们需要绘制一张财富蓝图？

很多人会说："赚钱嘛，只要肯努力就行了。"这种想法听起来很励志，但实际上，努力只是成功的一个因素。如果你没有明确的方向，付出再多的努力也可能没有结果。绘制财富蓝图的本质，是为自己的人生设定一个清晰的目标和方向。它不仅能帮助你聚焦精力，还能让你在面对困难和挑战时保持坚定。

当然，绘制财富蓝图，并不是简单地设定一个"我要一年赚100万元"的目标，而是需要从以下三个方面进行深入思考：

首先，要明确愿景，即你想成为什么样的人，想过什么样的生活。

这是财富蓝图的基石。财富并非终极目标，而是实现理想生活的手段。仔细思索自己内心真正渴望的生活状态，是拥有充裕时间陪伴家人、投身热爱的公益事业，还是在某个专业领域成为权威，享受行业赞誉。比如，你若向往自由不羁的生活，渴望随时开启环球旅行，那么财富目标就需围绕这种生活方式来设定。明确愿景能让我们在追求财富的道路上保持初心，不被短期利益迷惑。

其次，设计路径，即你打算通过什么方式实现目标。

这一步需要结合自身优势、市场需求以及行业趋势来规划。如果你擅长写作，且发现互联网内容创作市场潜力巨大，那么成为一名自由撰稿人、运营自媒体账号，通过广告合作、知识付费等方式变现，或许是一条可行路径；或者你若对新兴科技敏感，在人工智能领域有一定见解，那么可投身于相关创业项目，借助于技术创新创造财富。设计路径时要充分考虑自身资源与能力，确保每一步都具有可操作性。

最后，制定时间表，即计划在多长时间内完成目标。

合理的时间规划能为财富目标注入行动力。可将长期目标分解为阶段性小目标，并为每个阶段设定明确的时间节点。例如，设定 5 年内实现财务自由，则：第一年要积累一定数额的资金，掌握某种关键技能；第二年要拓展业务渠道，提升收入水平……时间表就像路线图，让我们清晰知晓每个阶段的任务，有条不紊地朝着财富目标迈进。

绘制财富蓝图，是从 0 到 1 的第一步。它不仅是一份计划，更是一份对未来的承诺。当你清晰地知道自己要什么，并为之付出持续的努力时，财富就会自然而然地靠近你。

第二章

丢掉“打工思维”，像老板一样思考

“打工思维”的本质，是把人生切割成时薪单元进行批发出售。它遵循工业时代的陈旧公式：时间 × 单价 = 价值。但是，要实现真正的财富自由，就必须打破这种将时间简单量化售卖的局限思维，学会像老板一样思考。

脑袋决定口袋

每个人都怀揣财富梦想，渴望挖到人生第一桶金，现实却往往不尽如人意，许多人在日复一日的忙碌中，与自己的财富目标渐行渐远，在迷茫与疲惫中徘徊，而有些人却能在短时间内顺利赚到人生第一桶金。

是什么原因阻碍了那些有梦想的人赚到人生第一桶金？一个非常重要的原因是，脑袋决定了口袋——那些固有的思考方式、传统的观念认知，如同无形的枷锁，束缚了他们的手脚，蒙蔽了他们的双眼，让其在追逐财富的道路上屡屡错失良机。正如一句话所说，“人永远赚不到认知以外的钱”，在一定程度上，一个人头脑中有着怎样的思维，决定了他的口袋能装下多少财富。

在众多限制人们获取财富的思维模式中，“打工思维”尤为典型。这种思维就像一个无形的牢笼，将人困在有限的财富空间里难以突破。

“打工思维”，简单来说，就是一种以完成任务为导向，注重短期回报和稳定收入的思维模式。拥有“打工思维”的人，往往把工作仅看作一种谋生的手段，每天按时上下班，完成领导交代的任务，领取固定的薪水，最大的期望就是能够升职加薪，获得一份稳定的工作保障。他们关注的是自己手头的工作细节，而很少去思考整个业务的运作逻辑和市场的发展趋势。面对问题时，他们习惯于等待上级的指示，缺乏主动解决问题的能力和创新精神。例如，在一家制造企业中，一个普通的工人每天按照既定的流程进行生产操作，他只关心自己当天的产量是否达标，对于产品的质量改进、生产流程的优化以及市场对产品的需求变化等问题则很少主动去思考。即使发现了一些潜在的问题，他也会认为这是领导应该考虑的事情，与自己无关。这种思维模式虽然能够保证一定的生活稳定性，但也限制了个人的发展空间和财富积累的速度。

与之相反，“老板思维”则是一种以创造价值为导向，注重长期规划和战略布局的思维模式。拥有“老板思维”的人，把工作视为一种实现自我价值的途径，他们不仅满足于完成任务，更追求创造卓越的成果。他们关注的是整个业务的运营和发展，能够从宏观的角度去分析市场趋势、把握商业机会。

面对问题时，他们会主动寻找解决方案，勇于承担风险，敢于创新。他们深知，只有为客户创造更大的价值，为社会做出更多的贡献，才能获得丰厚的回报。

还是以上述制造企业为例，如果一位管理者拥有“老板思维”，他就不会仅满足于维持现有的生产水平，而是会密切关注市场动态、不断投入研发资源、改进产品质量、优化生产流程、提高生产效率。此外，他还会积极拓展市场渠道，寻找新的商业机会，以期为企业的长远发展奠定坚实的基础。这种思维模式虽然伴随一定的风险，但也为个人带来了无限的发展可能和财富增长的空间。

那么，我们究竟该如何丢掉“打工思维”，像老板一样思考呢？以下是几个关键的方法：

1. 关注长期而非短期价值

打工者往往只关注眼前的利益，如每月的薪资、季度奖金等，这是因为他们的收入模式相对固定，更依赖当下的回报。而老板注重长期价值的积累，他们明白企业的成长如同培育一棵大树，需要耐心灌溉与呵护。

正是在此思维模式下，老板愿意投入大量资金进行研发创新，虽然短期内可能看不到明显收益，但从长远来看，能提升企业的核心竞争力，带来持续的利润增长。我们应学习这种思维，在工作中主动承担有挑战性的长期项目，注重自身能力的积累，为未来的职业发展打下坚实的基础。

2. 聚焦于结果而非过程

打工者更关注“我做了什么”，他们努力完成任务，注重过程中的付出与努力，而老板则更关注“我得到了什么”，把结果视为衡量工作成效的重要因素。老板会以目标为导向，灵活调整策略与方法。比如，设定了销售额增长的目标，就会根据市场的变化及时调整营销方案。我们应学会转变思维，在工作开始前明确目标，过程中以结果为指引，灵活应变，避免陷入无效的忙碌，确保每一分努力都能转化为实际成果。

3. 主动创造而非等待机会

打工者习惯于等待机会，如等待上级分配任务、等待公司提供晋升机会等，而老板则会主动寻找机会，甚至创造机会。他们时刻保持敏锐的市场洞察力，善于发现潜在需求，通过创新的商业模式满足需求，开拓新市场。我们应培养主动意识，积极关注行业动态，挖掘工作中的潜在需求，主动提出新的想法和方案，为自己创造更多发展空间。

综上所述，脑袋决定了口袋，我们要想赚到人生第一桶金，就必须丢掉“打工思维”，像老板一样思考。

回答三个重要的问题

在职场中，打工者与老板的最大区别，不是职位高低，而是思维模式不同。职位不过是外在的标签，而思维模式却决定了一个人在职场中的发展高度与深度。

2012年，一个名叫程维的年轻人从阿里巴巴离职，创办了滴滴打车。当时，他面临一个巨大的困境：出租车司机不愿意安装打车软件，用户也不习惯用手机叫车。为此，程维深入思考了三个问题：用户真正需要什么？司机为什么抗拒？如何打破僵局？

为了解决这些问题，他采取了一系列创新策略。他提出了“补贴大战”的概念，通过提供免费乘车券和给予司机奖励等方式，吸引了大量用户和司机注册并使用滴滴打车。这种策略有效地降低了用户的入门门槛，同时也缓解了司机的顾虑，使他们愿意尝试新的打车方式。

此外，程维还不断优化打车软件的功能和服务，使其更加便捷、可靠。他还积极寻求合作伙伴，与各大城市的出租车公司建立了良好的合作关系，进一步提升了滴滴打车的服务质量和覆盖面。经过多年的努力，滴滴打车成功地打破僵局，逐渐成长为国内最大的打车平台。

可见，老板思维的核心是主动发现问题、解决问题、创造价值。那么，对于渴望在工作和事业中实现更大价值的人来说，该如何像老板一样思考呢？关键要把握住三个重要的问题。

1. 你究竟在解决谁的痛点?

在浙江义乌，一个名叫孙丽娟的老板娘，用 AI 工具将中文产品视频实时转换成西班牙语、阿拉伯语，吸引了墨西哥客户专程飞来下单，一年内销售额翻了 3 倍。她的成功并非源于技术优势，而是精准地回答了这个问题："中东客户需要什么？他们看不懂中文，但渴望了解中国商品。"

这就是老板思维的核心——由"执行需求"转向"定义需求"。多数人认为，"解决问题"等于价值，但真正的高手将精力放在了"选择问题"上。因为只有选对了问题，解决问题才更具价值和意义。就像孙丽娟，如果只是盲目地执行一些常规的销售任务，而没有去深入思考中东客户的痛点，势必很难打开新的市场局面。

在实际工作和生活中，不能仅满足于完成上级交代的任务，而要像拥有老板思维的人一样，主动挖掘那些尚未被满足的需求，找到真正值得解决的问题。

2. 你的资源杠杆在哪里?

古时有一个人发明了防冻伤药膏，他却将其只用于洗衣时涂抹，最后他以一千两的价格将药膏的配方卖给商人。商人将其献给国王，在士兵冬季训练、作战时用。商人由此获封土地官爵。同样的药方，前者用其解决"手不冷"，而后者用其解决"国家存亡"，价值差万倍。

这个故事揭示了老板的第二层思维：资源不是拥有的资产，而是可调动的网络。普通人常抱怨"没人脉、没资金"，而老板擅长"无中生有"，因为他们清楚一个杠杆公式：价值 = 自身优势 × 外部资源 × 场景适配。

这里的自身优势，可能是技能（如编程）、资产（如空闲房间），甚至是失败经验；外部资源则包括平台流量、政策红利、人际网络等。场景适配则是要精准地将自身优势与外部资源放置在最合适的场景中，发挥出最大效能。

3. 你的失败成本是否可控?

2024 年，一位创业者用 AI 生成 200 款 T 恤设计，在抖音测试爆款后，最终只量产点赞超 1 万的 3 款，库存周转率提升 8 倍。他的策略暗合“老板思维”的终极命题：用可控的失败，换取指数级成功机会。

通过一次次可控的尝试，不断积累经验，洞察市场需求，从而找到那条通往成功的道路。对于众多怀揣梦想的创业者和职场人而言，这无疑是宝贵的启示：在创富过程中，要精心规划，合理试错，精准控制成本，以最小的代价去换取最大的成功可能。比如，可采用“10% 赌注法则”，即将资源分割为 10 份，每次只押注 1 份；或者制订“备胎计划”，永远保留核心业务的现金流安全链等。

当你开始思考这三个问题时，意味着你已推开新世界的大门——不再被“绝对安全”的打工思维束缚，做仰仗天时的“祈雨者”，而是开始向主动创造机会的“造雨者”转变，这是一种思维的跃升。

避免成为“勤劳的穷人”

我们常常听到这样一种财富观：只要足够勤劳，就能过上富足的生活。从老一辈口中的“一分耕耘，一分收获”，到社会主流宣扬的勤奋工作便能走向成功，勤劳似乎成了通往财富的万能钥匙。然而，现实的情形是：许多人每天起早贪黑，忙忙碌碌，付出了大量的时间和精力，却依然过不上自己想要的生活。

是他们还不够努力吗？当然不是！

勤劳是一种美德，也是通向财富的必要条件之一，但非充分条件。那些“勤劳的穷人”像上了发条的机器一样，一刻不停地运转，却始终难以实现财富自由。根本原因在于，他们陷入了一种“勤劳陷阱”。即他们的勤劳更多的是一种重复性的、低效率的劳动，缺乏对自身发展的长远规划和对财富创造的有效思考。

在农业社会，勤劳确实是致富的关键。因为那时候生产力水平低下，人们主要靠体力劳动获取生活资料，多劳多得是最基本的生存法则。然而，在当今这个科技飞速发展、经济结构不断变化的时代，仅仅依靠勤劳已经远远不够了。在工业化和信息化的浪潮下，大量的重复性工作可以被机器和软件替代。如果还只是一味地埋头苦干，不注重提升自己的技能和知识，不思考如何更高效地创造价值，就很容易被时代淘汰。

很多人每天看似忙碌，实则只是在完成一些简单的、机械性的工作，这些工作并不能为他们带来实质性的能力提升和财富积累。比如，一些工厂流水线的工人，每天重复着同样的动作，工作强度大，但工资不高。又如，那些外卖员、快递员，虽然每天风里来雨里去，收入却并不稳定，而且随着年龄的增长，身体机能下降，还可能面临失业的风险。

真正能够实现财富积累的人，往往具备超越传统思维的能力，他们懂得在勤劳的基础上，结合智慧与策略，找到最适合自己的财富增长路径。那么，普通人如何才能跳出“勤劳陷阱”，避免成为“勤劳的穷人”呢？

1. 提升效率，而不是一味地延长工作时间

“勤劳陷阱”的一个典型表现是陷入“忙而不动”的怪圈：每天忙得不可开交，却始终没有实质性的产出或进展。真正的财富积累需要学会优化时间和精力的分配，而不是单纯地延长工作时间。比如，要学会优先级管理，即区分任务的重要性和紧急性，优先处理能够带来最大价值的工作。同时，要减少低效劳动，多利用工具和技术替代重复性劳动，将时间和精力投入更有价值的事情上，避免在无关紧要的琐事上浪费时间，专注于高价值的活动。

2. 优化收入结构，由单一收入转向多元收入

在当今社会，许多人过分依赖单一的工资收入，而忽视了其他潜在的财富增长渠道。要跳出“勤劳陷阱”，实现财富积累，优化收入结构至关重要。比如，发展副业或进行投资，利用业余时间从事写作、设计、咨询等副业，或投资股票、基金、房地产等，从而实现被动收入的积累。还可以努力建立个人品牌，通过专业知识或技能输出获取收入。比如，在社交媒体上分享理财知识、积累粉丝，通过课程销售和广告合作实现收入的多元化。这种收入结构的优化不仅能够降低风险，还能为财富的持续增长开辟更多可能性。

3. 做好风险管理，避免盲目追求“安全感”

真正的财富积累需要在风险和收益之间找到平衡，而不是一味地追求所谓的“安全感”。要做到这一点，首先，需要避免高负债的生活方式，如过度借贷买房、买车等，以免被沉重的利息和还款压力拖累。其次，要学会分散风险，将资金和精力投入多个领域，如投资、创业、副业等，这样即使某一个领域遇到挫折，也不会导致全面亏损。

另外，要正视失败的可能性，明白失败是财富积累过程中不可避免的一部分。学会从失败中吸取教训，并确保每次失败的成本在可控范围内，这样不仅能积累宝贵的经验，还能为未来的成功奠定基础。

不论过去，还是现在，勤劳都是一种宝贵的品质，但它不再是通往财富的唯一途径。要跳出“勤劳陷阱”，避免成为“勤劳的穷人”，需要从根本上改变思维方式和行为模式。

别让工资条定义你的价值

工资条，无疑是职场中一个让人五味杂陈的存在，承载着无数复杂的情感。对于公司而言，工资条宛如一份精准的“福利汇报单”，是衡量员工工作表现与职位高低的直观依据。它清晰罗列着各项薪资数据，包括基本工资、绩效奖金、岗位津贴等，每一项数字都像是对员工工作的量化批注。公司通过工资条，能直观地展现对员工工作成果的认可程度，职位越高、贡献越大，工资条上的数字自然也更为可观。

对于上班一族来说，工资条绝不应成为定义自身价值的唯一标尺。如果仅以工资条上的数字来评判自己，很容易陷入自我否定的泥沼。要知道，个人价值是多维且丰富的，远非几个冰冷的数字所能概括的。你的专业技能、创新能力、团队协作精神，以及为公司带来的长远影响，这些无形的特质同样是你价值的重要组成部分。也许当下工资条上的数字不尽如人意，但你在工作中积累的经验、拓展的人脉，都在为未来的发展蓄能。很多人认识不到这一点，因为工资条混淆了劳动价格与自身的价值。

一些调查显示，工资性收入在城镇居民总收入中的占比越来越低，而财产净收入占比呈上升趋势。这些趋势不但体现了居民收入结构的深刻变化，也说明越来越多的人开始跳出“工资思维”的框架，更加积极地探索个人价值的多元化实现途径。

不可否认，财富的积累离不开辛勤的劳作，但是，单纯的劳动时间投入，并不必然等同于财富的增长。当我们计较着关键绩效指标（KPI）完成度带来的几百元、上千元绩效浮动时，那些跳出工资思维框架的人正在重构自己的财富规则。

所以，我们不能再将目光仅仅局限于每月固定到账的工资数额，而是要积极探寻新的财富增长点，以实现财富的多元增长及个人价值的提升。

1. 不要被月薪“框死”

不少人会不自觉地将月薪当作衡量职业价值的唯一标尺，认为只要工资按时到账，这份工作便“值得”。其实，这种认知存在局限性。月薪仅仅反映了你在当下工作中的“劳动力价值”，并不能代表你未来的发展潜力。

若仅仅满足于眼前的薪资待遇，而忽视了职业技能的持续提升和长远的职业规划，就很容易被困在一成不变的工作模式中。长此以往，不仅个人能力的成长会受到限制，而且在面对职场变革和激烈竞争时，也会变得脆弱。所以，应打破这种狭隘的思维定式，以更宏观、更具前瞻性的视角来看待和规划职业发展。

2. 要开启“副业思维”

在主业之外，要结合自身的兴趣与特长，开拓副业。例如，擅长写作的人，可以充分利用业余时间在自媒体平台上尽情挥洒才华，通过持续输出优质内容积累粉丝与流量。随着影响力的扩大，便可以借助广告投放、付费内容等方式将才华转化为实实在在的收益。而拥有摄影技能的人，既可以将精心创作的作品授权给图片网站，让艺术价值得到市场认可，也可以凭借专业知识开展线上摄影课程，在分享技艺的同时收获经济回报。

3. 掌握投资理财之道

不要将所有的财富增长希望寄托于工资，而要学会投资理财，这是实现财富稳健增长的关键技能。为此，要适当了解股票、基金、债券、保险等丰富多样的投资产品，它们各自具有独特的风险特征与收益潜力。在此基础上，结合自身的风险承受能力，精心制订合理的投资计划。这就如同为自己的财富之旅绘制一幅精准的地图，确保每一步都走得稳健而有序。

投资理财并非一蹴而就，而是一场需要长期坚持的修行。要养成定期学习金融知识的习惯，时刻关注市场动态，不断提升自己对投资市场的认知和把握能力。通过科学合理的长期资产配置，让财富在时间的长河中实现稳健增值。

4. 注重个人品牌的打造

如今，个人品牌已成为每个人至关重要的无形资产，其价值不可估量。通过在专业领域持续输出优质内容，树立良好的口碑和形象，可以吸引更多的合作机会和资源。比如，一位职场人士，通过在行业论坛分享见解、在社交媒体发布专业文章，逐渐成为行业内的知名人物，这可能会带来更高薪的工作邀请、合作项目或者咨询服务收入。

职业生涯是一场马拉松，而非短暂的冲刺。与其将精力耗费在对每月薪资数字的焦虑中，不如把目光放长远，更多地关注自身整体的财务状况，悉心规划职业成长路径的每一步，用心去感受个人生活中那些实实在在的幸福。

此刻，不妨静下心来问问自己：5 年之后，你理想中的生活状态究竟是怎样的？而当下的你，又是否正全力以赴朝着那个目标坚定迈进呢？

消除一些限制性观念

在追求财富自由的路上，真正限制我们的，往往不是外界的条件，而是内心的那些限制性观念。这些观念就像无形的枷锁，将我们牢牢困在原地，甚至让我们连迈出第一步的勇气都没有。

来看一个真实的案例：

美国著名脱口秀主持人奥普拉·温弗瑞，出生于密西西比州一个贫困家庭，早年饱受种族歧视等困扰，成年后又因工作表现不佳被电视台解雇。如果按照世俗的标准，她的命运似乎已经被“注定”了——一个出身贫寒的黑人女性，能有多大的机会逆袭呢？

然而，奥普拉并没有被这些“限制性观念”束缚。她通过脱口秀节目积累起超高人气和知名度后，创建了自己的哈普娱乐集团，涉足影视制作、电视网运营等多个领域，实现了财富的几何式增长。她的故事告诉我们，限制性观念的消除，往往是一个人逆袭的开始。

什么是限制性观念？它们是如何影响我们的？简单来说，限制性观念就是那些我们认为“不可能”或“不现实”的信念。比如，“我不够聪明，所以无法成功”“我没有资源，所以无法创业”“我年纪大了，所以无力改变生活”等。这些观念看似合理，实则是一种自我设限，让我们在面对机会时退缩，在遭遇挑战时放弃。

限制性观念一个很严重的危害在于，它会让我们陷入一种“自我实现的预言”。比如，如果你坚信“我这辈子都不可能赚到100万元”，那么你就会不自觉地回避那些可能让你赚钱的机会，最终真的与100万元无缘。心理学家研究发现，人的行为往往会受到潜意识中的信念驱动，而限制性观念恰恰是这些信念的重要组成部分。

那么，我们应如何消除限制性观念呢？

第一步：要意识到限制性观念的存在。

限制性观念往往隐藏在我们的潜意识深处，潜移默化地影响着我们的思维和行为。我们需要时刻保持自我清醒，留意那些在面对挑战或机会时脑海中自动浮现的负面想法。比如，“我不行”“我做不到”“这不可能”等。这些想法可能就是限制性观念的表现。回顾过往经历中那些让我们感到沮丧、挫败或自我怀疑的时刻，分析背后是否存在一些固定的观念在作祟。只有清晰地意识到这些限制性观念的存在，我们才能有针对性地去应对它们。

第二步：需要重新审视这些观念的真实性。

很多时候，我们所秉持的限制性观念并非基于客观事实，而是源于过去的经验、他人的评价或自己的想象。当我们产生了一个限制性想法时，要冷静下来，问问自己：“这个观念真的是正确的吗？有什么证据可以支持它？”例如，你认为自己不擅长演讲，是因为有过一次失败的演讲经历，但这并不代表你永远都做不好演讲。通过理性分析，我们会发现许多限制性观念其实是站不住脚的，它们只是我们自己给自己设下的牢笼。

第三步：不断地挑战自我。

既然已经认识到限制性观念的不合理性，就要勇敢地迈出舒适区，去尝试那些曾经被我们认为不可能的事情。每一次挑战都是对限制性观念的一次冲击，通过实际行动证明自己的能力和潜力。可以从小事做起，逐步积累成功的经验，增强自信心。比如，如果你觉得自己不擅长社交，就主动参加一些社交活动，与陌生人交流。在这个过程中，你可能会遇到各种困难和挫折，但不要轻易放弃，每一次克服困难都是对自我的一次超越。

第四步：持续学习与成长。

知识和技能的提升能够拓宽我们的视野，让我们以更全面、更客观的视角看待世界。通过学习，我们可以接触到新的思想、新的方法，有助于打破原有的思维定式。阅读各类书籍、参加培训课程、与优秀的人交流等，都是很好的学习途径。同时，将所学知识运用到工作或是创业活动中，不断反思和总结，进一步提升自己的能力。

此外，改变环境也是消除限制性观念的重要方式。人与环境是相互作用的，消极的环境会强化我们的限制性观念，而积极的环境则会激发我们的潜能。

从一定角度上看，限制性观念的消除，是一场与自己的对话，也是一次对未来的重新定义。正如美国作家亨利·福特所说："无论你认为自己行还是不行，你都是对的。"你准备好走出限制，拥抱无限可能了吗？

要有借力思维与整合思维

很多时候，财富的积累，从来不是一个人的独角戏，而是一场资源的整合与合作的共赢。正如牛顿所说：“如果说我看得比别人远，那是因为我站在巨人的肩膀上。”单打独斗或许能让你走一段路，但想要实现从 0 到 1 的突破，借力思维与整合思维才是关键。

借力思维的本质，是善于利用外部资源为自己赋能。而整合思维的核心，则是将分散的资源凝聚成一个更强大的整体。这两种思维模式不仅是富人的惯用策略，更是成功者的底层逻辑。

Facebook 创始人马克·扎克伯格在创业初期，并不是一个人在战斗。他不仅招募了一群顶尖的技术人才，还借助于投资人的资金和导师的经验。更重要的是，他通过整合哈佛大学的学生资源，迅速将 Facebook 从一个校园社交平台扩展为全球性的社交网络。扎克伯格的成功，正是借力思维与整合思维的完美结合。可见，让财富快速增长的秘诀，不是在于你拥有多少资源，而是在于你能有效地利用和整合资源。

在创富实践中，我们该如何在资源有限的情况下，通过运用借力思维与整合思维突破事业瓶颈呢？

1. 培养“共赢”的心态

借力思维与整合思维不是一种单向的索取，而是一种双向的共赢。资源整合的核心是合作，而合作的基础是共赢的思维和心态。

在资源有限的情况下，单靠个人的力量很难实现突破，必须学会与他人建立长期稳定的合作关系。

培养共赢心态的关键在于三点：首先，要摒弃过度以自我为中心的思维和行为模式，学会以开放、谦逊的态度对待他人；其次，找到双方利益的交集点，让合作成为双方都能获益的事情；最后，通过透明沟通和兑现承诺赢得他人的信任。

当你的思维方式由“零和博弈”转向“共赢”时，你会发现更多合作的可能性，资源也会自然而然地向你倾斜。

2. 学会运用“杠杆效应”

“杠杆效应”是一个在经济学、金融学以及众多领域广泛应用的概念，通常是指通过借助于外部资源，如资金、技术、人脉等来扩大自身影响力、提升收益或实现目标的一种现象。简单来说，就是以小博大，用少量资源撬动更大的价值。杠杆可以是资金、人脉、信息，甚至是他人的经验。比如，美国著名企业家理查德·布兰森在创立维珍集团时，并没有足够的资金购买飞机，但他通过租赁的方式，成功地进入了航空业。这种借力思维，不仅让他节省了大量成本，还让他迅速占领了市场。

3. 构建系统思维

资源整合不是简单的拼凑，而是需要构建一个有机的整体系统。系统思维要求我们从全局出发，将各个资源整合到一个协同运作的体系中。这种思维的核心是让资源产生 1+1>2 的效果。通过科学的整合和优化，即使是有限的资源也能爆发出惊人的能量。比如：将资源分解成独立的模块，每个模块都有明确的功能和价值；通过科学的流程设计，让资源在系统中高效流动和转化；根据环境的变化及时调整系统的结构和功能，保持灵活性和适应性。

马云在创立阿里巴巴时，并没有自己的物流系统，但他通过整合多家快递公司，成立了菜鸟网络，最终打造了一个高效的物流体系。这种整合思维，不仅解决了自身的物流瓶颈，也带来了巨大的竞争优势。

财富的世界，从来不是一个人的战场，而是一个合作的舞台。借力思维与整合思维，不仅是通往财富的捷径，更是一场智慧的博弈。正如美国作家拿破仑·希尔所说：“那些能够看到机会并抓住机会的人，往往不是因为他们更聪明，而是因为他们更善于利用资源。”

从0到1的过程，本质上是资源从分散到集中、从无序到有序的过程。只有善于借力和整合，我们才能在财富的海洋中乘风破浪。

谋划一份靠谱的副业

许多优秀人物的财富之路，都始于一个看似普通的副业。副业不仅是自我探索的“试验田”，让我们在主业之外，有机会涉足不同领域，挖掘潜藏的兴趣与才能，更是通往财富的最佳侧门。

在经济形势多变的今天，单一的收入来源往往难以应对生活中的突发状况。拥有一份副业，就如同为个人经济增添了一份保障，让我们在面对风险时更有底气，生活更加安稳。

小玲在一家企业任职，每天朝九晚五对着电脑工作。她从小喜欢做手工，周末常做些发饰、编织包送给朋友。有次闺蜜戴着她做的胸针参加聚会，好几个人问是哪里买的，回来后闺蜜开玩笑地对她说：“你干脆开个网店吧！”小玲当晚就拍了几张照片发朋友圈，没想到一晚上收到20多条私信求购，她这才意识到自己的爱好也能赚钱。

于是，她开始利用午休时间设计款式，晚上直播教粉丝做基础手工，渐渐积累了上千粉丝。半年后，她辞去工作专心经营网店，还和本地咖啡馆合作开设周末手工体验课。如今，她的原创设计被多家文创店批量订购，年收入翻了几倍。

小玲常说：“人生就像编织，每一针都是积累。当初只觉得好玩，没想到线头越牵越长，织出了一片新天地。”

上面的案例展现了小玲通过副业实现商业变现的路径：以轻资产启动（朋友圈推广），借力线上工具（直播裂变），实现复合收入（产品＋服务）。这也验证了一种创富思维：普通人无须特殊资源或巨额投资，只需系统化挖掘自身优势与市场需求的交叉点，即可实现副业从0到1的突破。

那么，我们如何才能避免盲目试错，找到适合自己的副业方向并高效落地呢？关键要把握好三步。

第一步：精准定位——挖掘个人优势与市场需求的黄金交叉点。

每个人都有独特的优势，可能是擅长写作、精通某种语言，或拥有良好的沟通能力、组织能力等。可回顾过往经历，从工作成果、兴趣爱好中探寻自己擅长且热爱之事。

与此同时，要重视市场需求，密切关注社会发展趋势、行业动态，借助于招聘网站、电商平台热门商品信息、社交群组讨论等渠道，了解当下市场急需何种技能、产品或服务。比如：随着健康意识提升，健身指导、健康饮食规划等领域需求渐长；互联网普及，线上教育、内容创作等副业也迎来广阔空间。将个人优势与市场需求相结合，可找到二者的契合点。

第二步：轻量化启动——设计可复制的变现闭环。

在确定副业方向后，不要急于大规模投入。先构建一个简单、易操作且能实现盈利的小闭环。以销售线上课程副业为例，初期无须制作大量复杂课程，可针对目标人群核心痛点，开发一门精简课程，通过社交媒体、朋友圈等渠道进行推广。利用小范围受众测试市场接受度，收集反馈意见，根据结果优化课程内容与推广方式。这种轻量化启动方式，既能降低试错成本，又能快速验证商业模式可行性，为后续发展积累经验。

第三步：杠杆放大——构建可规模化的增长引擎。

当副业通过轻量化启动取得初步成功后，就要思考如何实现规模扩张。一方面，可借助于各种渠道扩大影响力。例如：利用社交媒体平台持续输出优质内容，吸引更多潜在客户；与相关领域有影响力的人或公司合作，借助于其资源与粉丝群体提升知名度。

另一方面，优化业务流程，提高效率，确保在业务量增加时能稳定运营。例如：开发线上课程的副业，可将课程内容模块化，便于快速更新与拓展；建立完善的客户服务体系，提升客户满意度与忠诚度。通过这些方式，构建起可规模化的增长引擎，推动副业不断发展壮大。

需要特别注意的是，要避免盲目跟风网红项目，优先选择已被验证的成熟赛道，并且要控制好试错成本。比如，单项目初期投入不超过月收入的20%，连续3个月未盈利则及时止损。

综上所述，副业成功的本质是“优势挖掘 × 市场需求 × 杠杆效应”的三重叠加。一个靠谱的副业，也往往能让我们接触到新的领域、结识新的朋友、积累新的经验。这些跨界积累形成独特的“能力组合拳”，让我们在不确定时代拥有反脆弱性——财富增长只是表象，认知升级与人脉重构才是副业给予个体最珍贵的馈赠。

第三章

解锁掘金技能，释放财富潜力

在快速迭代的商业浪潮中，曾经赖以生存的技能“护城河”，可能在新技术、新趋势的冲击下被迅速填平，仅凭单一技能难以长久立足。因此，你工具箱里的“掘金镐”必须升级为“认知算法”。

你的天赋，可能价值百万

天赋是每个人与生俱来的独特优势。它可以是一种技能、一种思维方式，甚至是一种与人交往的能力。正如爱因斯坦所说：“每个人都是天才，但如果你用爬树的能力来判断一条鱼，它终其一生都会认为自己是愚蠢的。”

天赋有一个核心特征：它既是你擅长的事情，也是你乐在其中的事情。一个有价值的天赋，通常具备以下几个特点：

其一，自然流畅。天赋往往表现为在做一些事情时自然流畅，甚至不需要刻意思考。比如，有些人天生对数字敏感，能够轻松地进行复杂的计算；而有些人则天生具有艺术细胞，能够轻松地创造出令人惊叹的作品。

其二，乐在其中。天赋的另一个特点是它能带来深层次的满足感。比如，许多音乐家在演奏时，会进入一种“心流”状态，身心完全沉浸其中。这种状态往往不仅是高效的表现，更是天赋的一种标志。

其三，易被他人认可。天赋异禀的人往往更容易被他人认可。比如，许多成功的企业家在其创业初期，都会得到来自朋友、家人或客户的积极反馈。这些反馈不仅能增强其自信，还能帮助其确认天赋的方向。

J. K. 罗琳在成为全球知名的作家之前，只是一个普通的单身母亲，生活并不富裕，甚至需要靠救济金度日。然而，她有一个不为人知的天赋——讲故事。她将自己对魔法世界的想象编织成《哈利·波特》系列小说，最终创造了一个价值数十亿美元的文学帝国。

牙买加短跑运动员尤塞恩·博尔特，起初可能并未完全意识到自己在短跑领域所蕴含的巨大天赋。在成长过程中，他逐渐发现自己拥有惊人的爆发力和无与伦比的速度天赋。当他真正认识到这一点，并全身心投入短跑训练中时，天赋的力量被彻底激发。他多次在奥运会等重大赛事中打破世界纪录，成为世界顶尖短跑选手。

当我们真正认识到自身天赋及其所能带来的作用和意义时，那它所迸发出来的能量、创造的价值，远比我们所预期的要大得多。

那我们如何发现自己身上那些“与生俱来的超能力”呢？

方法一：捕捉“无意识专注”的瞬间。

天赋往往藏在那些令你浑然忘我的时刻。回忆一天中哪些事情能让你不自觉地沉浸其中，甚至忘记时间流逝——或许是拆解电子设备时对机械原理的痴迷，或许是与人交谈时总能敏锐捕捉对方情绪变化的直觉。

这些“心流状态”背后往往隐藏着天赋密码。比如，短视频博主手工耿，最初只是沉迷于焊接废铁制作怪异发明，后来从网友的惊叹中发现自己在机械创意与幽默表达上的双重天赋，最终将爱好转化为千万粉丝关注的职业。

小建议：连续 3 天记录自己的时间分配与情绪波动，标出那些高频出现且带来愉悦感的“专注片段”。这些片段连成的线索，可能就是你的天赋地图。

方法二：逆向分析“被需要的场景”。

别人反复向你求助的领域，往往是你的隐性天赋区。程序员小林总被同事请教如何将复杂代码翻译成通俗语言，起初他以为这只是普通沟通能力，直到参与技术布道师培训时，他才发现自己具备“代码逻辑可视化”的独特思维模式。这种能将抽象概念转化为具象表达的能力，使他成为国内首个AI模型解说视频博主，单条科普视频播放量突破500万人次。

小建议：整理过去半年内他人向你寻求帮助的10个高频场景，分析这些求助背后需要的核心能力，你会发现某些能力组合可能构成你的独家优势。

方法三：制造“极端挑战”的试验场。

天赋常在高压环境下显形。参与需要快速学习与临场应变的活动，如48小时极限创业比赛、即兴戏剧工作坊或危机模拟项目。化妆品配方师苏燕正是在一场“24小时复原古方胭脂”的行业挑战赛中，发现自己对植物萃取比例的精准把控远超同行，这种近乎本能的材料配比能力，让她如今成为多个国货美妆品牌的首席研发顾问。

小建议：每季度参与一次跨领域竞技活动，观察自己在陌生领域里的哪些能力能快速迁移应用——这种可迁移的底层能力，极有可能就是你的天赋内核。

方法四：构建“天赋增强回路”。

人类学家发现，5万年前智人战胜尼安德特人的关键，并非脑容量差异，而在于构建“认知增强回路”的能力——将偶然发现的燧石打火技术转化为可复制的取火系统。这种进化机制如今同样适用于个体天赋开发。19世纪小提琴大师帕格尼尼的“魔鬼颤音”并非天生的，而是通过自创反馈系统练就的：在琴房安装铜管传声装置，使细微的音色偏差放大为刺耳噪音，倒逼精准控制。

小建议：每天划定30分钟逆节奏工作时段，即将需要高度专注且自己擅长的事情，如战略规划、创意写作等安排在集体低效时段。

上述方法的核心在于将抽象的天赋感知转化为具体可操作的动

作。当你开始用工程师思维拆解自身潜能，用产品经理视角包装个人优势时，那些曾被认为“不值一提”的日常闪光点，都可能成为改写你人生轨迹的超级杠杆。

理解商业运作的底层逻辑

商业运作，听起来高深莫测，实则与我们的日常生活息息相关。小到街头巷尾的早餐摊，大到全球知名的商业巨头，都离不开商业运作。

例如：

便利店货架最显眼位置摆放的不是最好卖的商品，而是毛利最高的；

游戏公司免费玩家的本质是付费玩家的游戏体验素材；

培训机构“考不过退费”的承诺，实际上是通过概率计算，确保即使部分学员退费，整体仍能盈利；

……

那些真正能赚到第一桶金的人，往往是最早洞察并巧妙运用这些商业运作规则的人。他们不会为表面现象所迷惑，而是深入挖掘日常商业行为背后的逻辑，并将这些规则融会贯通，运用到自己的事业中。

从古至今，商业的底层逻辑从未改变，改变的只是它的表现形式。在创富实践中，要把握下面五个基本的商业运作逻辑。

1. 价值永远是商业世界的硬通货

商业的本质不是卖产品，而是解决问题，多数人认为“便宜”是王道，但真正赚钱的生意往往贵得有理。星巴克把3元成本的咖啡卖到30元，靠的不是咖啡豆，而是提供了“第三空间”的情绪价值。

价值=功能价值×情感系数×场景溢价。拼多多早期通过“砍一刀”社交裂变，将枯燥的购物行为变成了游戏，放大了情感系数。所以，当你抱怨生意难做时，不妨问问自己：我的产品是止痛药，还是维生素？止痛药解决即刻痛苦，如美团外卖解决饥饿问题，维生素满足长期需求（如得到App满足知识焦虑），而顶级生意往往两者兼具。

2. 供需关系是商业的隐形导演

在商业世界，很多人都会注意到一个“奇葩”的现象：同样的红薯，菜市场卖2元一斤无人问津，超市精品柜卖8元一斤却被抢购。为什么？

因为价格不再取决于成本，而取决于供需关系。

因此，聪明的商人会做三件事：首先，注册“××蜜薯”商标，请设计师设计包装；其次，在一些主流平台通过短视频展示沙地种植过程；最后，与高端超市签订独家供货协议。很快，他的红薯卖到8元一斤，而且销量还不错。

记住，当你在红海中挣扎时，与其更好不如不同。要做到“不同”，需了解和掌握市场供需关系的基本规律，在此基础上，再通过多种手段，如提升产品质量、塑造品牌形象、增强消费者信任等方式，重构供需链。

3. 资源整合比拥有资源更重要

2007年10月，Airbnb的三个创始人连房租都付不起。他们发现，旧金山设计大会期间酒店爆满，于是买了三张气垫床，设计了简陋的“气垫床+早餐”网站，这就是共享经济的雏形。他们没有一间房产，却通过整合闲置资源，创造出千亿美元市值的平台。这印证了商业的第三个规则：现代商业的竞争，本质是资源整合效率的竞争。

类似的例子有很多：罗振宇早期做“罗辑思维”，没有自己的内容团队，而是整合大学教授、行业专家的知识储备；美团不生产餐饮，却通过连接消费者与商家，成为本地生活服务霸主……

当你没有资金、人脉、技术时，不妨转换思路，将目光聚焦于资源整合。因为在这个万物互联的时代，单打独斗的商业模式很难成功，高效的资源整合能力才是决定成败的关键。

4. 风险与回报永远是对等的

2020年，老刘做口罩生意血本无归，他的同乡却靠卖口罩机大赚特赚。两个截然不同的结局折射出商业世界的终极规则：真正的高手不追逐风口，而是给追风口的人提供铲子。

商业世界没有“稳赚不赔”的买卖，只有“风险可控的赌局”。当雷军押上全部身家造手机时，他已通过金山软件取得了显著的成就，积累起丰厚的资金；当张一鸣推出抖音时，今日头条已是源源不断的现金流“奶牛”。

5. 商业规则的底层代码：人性博弈

所有商业规则的尽头，都是对人性的深刻理解。比如，限时折扣、买一送一这类促销活动，精准地抓住了人们追求实惠、渴望便宜的心理，促使消费者在看似“捡到便宜”的心态下冲动消费。

在某地，一家火锅店老板发明了“后悔药”套餐：顾客点菜超量可退未开封菜品。结果客单价提升40%，复购率增长65%。这不是道德高尚，而是精准拿捏了消费者“怕浪费”又“想尝鲜”的矛盾心理。

商业世界中的每一个决策、每一个策略，归根结底都是围绕着人性展开的。只有深入理解人性，顺应人性的特点和需求，才能制定出符合市场规律、赢得消费者和合作伙伴认可的商业规则。

商业的底层逻辑从根本上决定着商业活动的走向，涵盖供需规律、成本控制、竞争策略等多个方面。只有理解并运用好其底层逻辑，才能在复杂多变的商业世界站稳脚跟，实现从生存到发展的跨越。

提升专业技能和软技能

如今，越来越多的人将专业深耕与软技能迭代视为财富进阶的关键。特别是在产业升级的浪潮中，年轻创富者往往面临两把钥匙的抉择：既要打造无法替代的专业利刃，又需磨砺引导资源流转的柔性智慧。这与硅谷风险投资家彼得·蒂尔强调的“从 0 到 1”哲学不谋而合——真正伟大的突破都发生于蓝海领域的能力叠加带。

1. 打造无法替代的专业利刃

有这样一个著名的理论：专业深度决定你所能看见的维度。2013 年，当市场还在质疑美团能否在千团大战中存活时，其技术团队已搭建出支持百万级并发的团购系统。正是这种建立在技术深度上的战略前瞻，最终让美团拿下 63% 的本地生活市场份额。

深耕专业绝非闭门造车，而是需要建立一个能体现三种能力的坐标系：

一是技术能力提升。技术能力是深耕专业的基石。要提升技术能力，需保持学习热情，制订详细学习计划，可利用在线课程平台，系统学习专业知识，如程序员学习新的编程语言和框架。同时，要积极参与实践项目，在实际操作中积累经验，将理论知识转化为实际技能，如设计师通过参与不同项目提升设计水平。此外，还要参加行业技术竞赛，与高手过招，发现自身不足，学习他人长处，快速提升技术能力。

二是行业机理解码。深入理解行业机理能把握发展方向。一方面，多渠道收集行业信息，阅读行业报告、分析文章，了解市场规模、增长趋势等。关注行业论坛和社交媒体群组，参与讨论，获取最新动态。另一方面，与行业前辈交流，请教经验，了解行业潜规则和发展脉络。亲自进行市场调研，分析竞争对手策略，明确自身定位。例如，创业者通过调研确定产品差异化竞争优势。

三是认知升维训练。认知升维能让我们站得高、看得远。为此，主动接触不同领域的人和事，以拓宽视野。参加跨界活动，与不同行业人才交流合作，学习新思维。阅读哲学、历史等书籍，提升思维深度和广度。定期进行自我反思，回顾工作决策过程，总结得失，优化思维方式。当遇到问题时，尝试从不同角度思考，打破固有思维模式，以全新视角解决问题，推动专业发展。

2. 磨砺引导资源流转的柔性智慧

什么是柔性智慧？它是一种在复杂多变的环境中，灵活且巧妙地引导资源流转，以实现目标的能力。柔性智慧并非强硬地掌控资源，而是以温和、灵活的方式，顺应形势，让资源自然地汇聚、流动到最需要的地方。

这种智慧体现在对人际关系的精妙处理上。懂得倾听各方需求，理解不同利益诉求，通过有效的沟通与协调，将分散的人力、物力资源整合起来，形成强大的合力。就像一位出色的项目负责人，能敏锐地察觉团队成员的优势与劣势，合理分配任务，激发每个人的潜能，让项目顺利推进。

同时，柔性智慧还表现在对市场变化的敏锐洞察和快速适应上。不局限于既定的模式和方法，当市场风向转变时，能迅速调整策略，引导资源投入新的机遇点。它是一种四两拨千斤的艺术，以最小的阻力实现资源的最大价值，助力事业在复杂的商业环境中稳健前行。

管理学家德鲁克曾预见：“21世纪最大的工作革命，是知识工作者必须同时成为自己的产品经理。”站在创富的起跑线，一个人需要的不仅是磨刀霍霍，更要练就在刀锋上起舞的制胜韧性——用专业深度凿穿产业护城河，凭软实力构建资源引力场。

技能变现的 8 条黄金通道

对于大多数人来说，技能变现是实现个人财富增长的最佳途径之一。无论你是程序员、设计师、作家还是其他领域的专业人士，只要你拥有一项市场所需的技能，就有机会通过它赚到人生第一桶金。

这些技能不仅定义了我们的身份，也是我们走向财富之路的关键驱动力——所有专业技能都能找到变现通道，关键在于发现隐形的价值兑换枢纽。

常见的技能变现通道主要有以下 8 种。

通道一：自主创业，打造个人品牌。

当你在某个领域拥有独特技能时，自主创业或许是个绝佳选择。以一些知名美妆博主为例，他们凭借对美妆产品的深入了解、出色的直播带货技能，创立了属于自己的美妆商业帝国。从最初在直播间里试用各种产品，到拥有自己的品牌，他们成功将美妆技能转化为商业价值。自主创业不仅能让你充分发挥技能优势，还能塑造个人品牌，实现财富的指数级增长。

通道二：知识付费，贩卖你的智慧。

互联网的发展让知识付费成为热门趋势。如果你在某个专业领域学有所长，不妨将知识和经验打包成课程，通过线上平台售卖。比如，得到 App 上的诸多讲师，他们把复杂的知识体系用通俗易懂的方式呈现出来，吸引大量用户付费学习。无论是职场技能、学术知识还是兴趣爱好培养，都有广阔的市场需求。制作优质的知识付费内容，关键在于精准定位受众需求，提供有价值、可操作性强的知识。

通道三：兼职接单，灵活赚钱。

利用业余时间，在各大兼职平台上寻找与自己技能匹配的订单，是一种灵活的变现方式。比如，设计师在网上承接设计任务，程序员做外包项目，翻译人员接单翻译文件。像一些自由插画师一样，通过在猪八戒网、站酷等平台展示作品，吸引客户下单，每月收入相当可观。这种方式既能充分利用碎片化时间，又能增加收入来源，还能积累项目经验和人脉资源。

通道四：内容创作，流量变现。

在短视频、自媒体盛行的今天，内容创作成为技能变现的重要途径。如果你擅长写作、摄影、剪辑等，都可以通过创作优质内容吸引粉丝关注。比如，通过一些独特的生活视频收获大量粉丝，实现广告植入、电商带货等多渠道变现。持续输出有吸引力的内容，满足用户的情感需求和信息需求，就能吸引流量，进而将流量转化为财富。

通道五：技能培训，桃李满天下。

如果熟练掌握了某项技能，且善于教学，开展技能培训是个不错的选择。可以线下开设培训班，也可以线上直播授课。例如，瑜伽教练通过举办瑜伽培训课程，向学员传授瑜伽技巧，收取培训费用。在培训过程中，要注重教学方法和服务质量，提升学员的满意度和口碑，以吸引更多学员，实现长期稳定的收入增长。

通道六：技术入股，共享收益。

对于拥有技术技能的人来说，技术入股是一种高回报的变现方式。比如，创业团队计划开发一款 App，如果你是技术人才，可凭借技术入股，与团队共同创业。当项目成功盈利后，你就能按照股份比例获得收益。这种方式不仅能让你发挥技术专长，还能分享企业成长带来的红利，但需要对创业项目有准确的判断和风险评估。

通道七：版权售卖，让作品持续赚钱。

如果你是作家、音乐人、摄影师等创作者，可将作品的版权进行售卖。作家把小说版权卖给影视公司，音乐人将歌曲版权授权给播放平台，摄影师把照片版权卖给广告商。例如，作家刘慈欣的科幻小说《三体》，其版权被多方购买，改编成影视、游戏等多种形式，他本人从中获得巨额版权收入。创作优质作品，提升作品的市场价值，是版权售卖的关键。

通道八：咨询顾问，提供专业建议。

在某个领域深耕多年，积累了丰富经验和专业知识后，可担任咨询顾问，为企业或个人提供专业建议。比如，财务专家为企业提供财务规划咨询，市场营销专家为品牌制定营销策略。咨询顾问凭借专业技能和经验，帮助客户解决问题，获取高额咨询费用。这需要具备深厚的专业功底和敏锐的市场洞察力，才能为客户提供切实可行的解决方案。

上述8种技能变现的黄金通道，每一条都充满机遇与挑战。在追求人生第一桶金的道路上，可以根据自身的技能优势和兴趣爱好，选择最适合自己的通道。当你将自己的技能与市场需求相结合，用智慧耕耘、用汗水浇灌时，终会发现通往财富自由的大门已经悄然敞开。

十把打开财富之门的钥匙

你是否曾望着别人的财富自由生活心生羡慕，却觉得自己毫无希望？其实，每个人都有创造财富的潜力，只是很多时候，我们还没找到那把合适的钥匙。

现在的新媒体比较火，有很多赚钱的机会。想做新媒体运营，先得摸透各个平台的“脾气”。例如，抖音喜欢有趣、有创意的短视频，小红书流行实用的生活分享。你得按照平台的喜好来发内容，发布时间也有讲究，如晚上七八点，很多人都有时间刷手机，这时候发就容易被刷到。

当然，要想有流量，内容得吸引人，且要迎合当下的热点，让人看了就想评论几句。另外，还要多和粉丝互动，人家评论了就赶紧回，这样粉丝才会越来越多。有了人气，赚钱的机会自然就来了，如接广告、卖产品。

这只是一个常见的例子。除此之外，还有许多唾手可得的机会，下面给出十把打开财富之门的钥匙。

1. 算法驯化

研究各平台算法，如抖音的“3 秒黄金开头”、小红书的“关键词密度”等，结合人性弱点（猎奇、焦虑、共鸣）设计内容。最典型的例子，就是抖音账号“张同学”用农村生活场景触发城市用户怀旧情绪，单月涨粉 500 万；小红书账号“职场小野”通过“打工人生存指南”系列笔记，精准收割 25 ～ 35 岁白领流量。

2. 编程技术

在现在这个科技时代，学编程相当吃香。对于新手来说，选一门容易上手的编程语言很重要。Python 就是个好选择，简单好学，而且能用在好多地方，如分析数据、自动化脚本开发等领域。

不过学编程光看书可不行，得动手实践。现在网上有不少编程学习平台，可以边学边练。遇到开源项目也应积极参与，既能积累经验，还能认识不少厉害的人。平时多关注编程圈的新动态，加入一些技术论坛，和同行多交流，技术水平不知不觉就提高了，以后不管是接外包项目还是找高薪工作，都更有竞争力。

3. 摄影与后期制作

摄影这项技能，学会了既能记录生活，又能赚钱。先要把基本的构图方法搞明白，如拍风景用三分法，能让画面特别好看。光线也很关键，不同的光线拍出来效果完全不一样。还要搞懂相机的各种参数，如光圈、快门速度等，得知道什么时候用哪种更合适。

在后期制作时，要学会用 Photoshop 软件。Photoshop 能调整照片的颜色、修复瑕疵，让照片更出彩。平时多看看那些大师的作品，提高自己的审美，审美上去了，做出来的东西才更吸引人。掌握这些技术后，订单自然就来了，如给人拍写真、接商业拍摄等。

4. 文案写作

文案写得好，产品不愁销。在写文案之前，得先搞清楚目标人群是谁，他们喜欢什么、有什么烦恼。标题得有吸引力，让人一看就想点进去，如“学会这三招，让你轻松瘦十斤”这种标题，就很吸引人。

需要注意的是，内容要有逻辑，能让人看明白。可以讲故事，也可以摆数据，让读者信服。语言要简单直白。平时多看看别人写得好的文案，学习人家的思路和技巧，自己多写多练，水平慢慢就提高了。写文案水平提高后，通过给商家写广告文案、产品介绍，都能赚到钱。

5. 视频剪辑

选个适合自己的剪辑软件。先学会基本操作，如把拍好的素材导入剪辑软件，剪掉不好的部分后拼接起来，再加点转场效果，让视频过渡自然。

视频的节奏很重要，要根据内容进行调整，该快就快，该慢就慢。音乐、音效和字幕也不能少，合适的音乐能增强视频的感染力，字幕能让观众更清楚内容。平时多看看热门的视频，学习人家的剪辑手法，自己动手剪得多了，技术就熟练了。通过给别人剪辑视频或者自己做自媒体都能赚钱。

6. 电商运营

电商是个大市场，想在里面赚钱，就得先做市场调研，看看大家都喜欢买什么，竞争是否激烈。选好产品后，要把电商店铺设计得漂漂亮亮，产品图片要清晰，详情页要详细，让顾客一看就有购买的欲望。

当然，在这之前要清楚电商平台的推广规则，如淘宝的直通车、抖音小店的各种推广方式。同时，服务也得跟上，客户咨询要及时回复。只有售后问题处理得妥妥当当，让客户满意了，他们才会经常来，还会给你介绍新客户。

7. 数据分析

数据分析能让你从一堆数据里找到赚钱的线索。先把 Excel 学好，数据整理、做图表这些功能得熟练掌握。要是想更深入，Python 和 R 语言最好也学一学。要学会各种分析方法，如通过看数据的变化趋势，分析不同数据之间的关系。培养数据思维，遇到问题能想到用数据来解决。通过给公司分析用户数据、销售数据，帮公司找到问题、制定策略，自己也能拿到不错的报酬。

8. 市场营销

市场营销就是把产品卖出去的学问。为此，需要先了解市场，知道大家的需求，看看竞争对手都在怎么做。给产品定好位，是走高端还是亲民路线。价格也要合理，不能太高也不能太低。既可以在线上售卖产品，也可以在线下开实体店或参加展会。品牌形象也很重要，起个好记的品牌名，设计个好看的Logo，讲个吸引人的品牌故事。多搞些促销活动，如打折、满减等，来吸引顾客。

9. 宠物产品

在宠物相关领域，蕴含着诸多创富机会。成为宠物博主，凭借对宠物的热爱与了解，持续分享实用养宠经验、宠物有趣日常，吸引大量粉丝关注。当粉丝量积累到一定程度时，便会有宠物食品、用品等品牌商家主动寻求广告合作，博主还能通过电商带货，推荐优质宠物产品，从中获取收益。

另外，提供实体服务也是不错的选择。宠物美容可让宠物变得干净漂亮，满足主人对宠物形象的追求；宠物寄养解决主人外出时宠物无人照顾的困扰；宠物训练帮助主人更好地管理宠物行为。这些服务都能凭借良好口碑，吸引众多宠物主人认可，进而实现个人创富。

10. 在线教育

凭借自身专业知识制作在线课程，是极具潜力的创富途径。比如，在语言学习领域，精通外语的人可制作从基础语法到流利口语的系列课程，满足不同学习者需求。对于掌握各类职业技能的人，如编程高手、资深会计等，可以传授实用技巧与行业经验，助力学员提升职场竞争力。艺术创作者则可分享绘画、音乐、舞蹈等课程，激发爱好者的创造力。将这些精心制作的课程发布在专业平台上，吸引有学习需求的人来购买。

未来的职业安全感，不是来自职位头衔，而是来自可迁移技能的组合价值。只要掌握上述一至三项技能，不仅可以让事业发展拥有多重保险，有效抵御经济波动带来的冲击，还能不断拓展财富增长的边界。

打造24小时被动收入系统

在生活中，到处都是努力打拼的身影：凌晨三点，程序员还在加班改代码；早餐店老板天没亮就起床备货；外卖骑手在暴雨中摔伤了膝盖仍坚持送单……我们钦佩勤劳，但不得不承认：仅靠“出售”时间换取收入的人生，无疑是有些悲催的。正如《富爸爸穷爸爸》的作者罗伯特·清崎所说：“如果你没有找到一个当你睡觉时还能挣钱的方法，你将一直工作到死。”

真正的财富自由，不是你现在有多少钱，而是当你停止工作时，仍有源源不断的钱涌入你的账户。

经济学家托马斯·斯坦利在《邻家的百万富翁》中同样揭示了一个颠覆认知的事实：真正实现财务自由的人，80%的收入来源于资产而非劳动。这些资产可能是你写的一本书、开发的一款软件，或者精心设计的投资组合。它们就像被施了魔法的金币精灵，即便主人正在沙滩晒太阳，也依然会勤勤恳恳地往主人钱袋里装金子。

《管道的故事》中也讲：提水桶的人用时间换钱，建管道的人用系统赚钱。被动收入的核心不是“不劳而获”，而是前期投入时间、资金构建自动化系统，后期享受复利红利。

那么，普通人究竟该如何建立这种可以持续产生稳定收入的被动收入体系，从而实现不需要一直辛苦工作也能有收入进账呢？关键要把握住三个原则。

1. 破除“时间换金钱”的思维定式

很多人一生都在按部就班地工作，认为付出更多时间就能收获更多财富。其实，我们应转变思路，尝试把时间投入能产生复利的事情上。比如，学习投资理财知识，构建自己的投资组合，让钱为我们工作，而不是单纯地依赖出卖时间获取报酬，这样才能逐步搭建起通往财务自由的阶梯。

小刘曾是一家网店的客服，她利用业余时间研究小红书爆款笔记规律，总结出“痛点场景 + 解决方案 + 情绪价值”的万能模板。随后，她将这套方法论录制成 18 节视频课程上传到知识星球，定价 299 元。3 年过去，这份数字资产已为她带来近 100 万元收入。与此同时，每当有新人购买课程时，平台会自动推送她的进阶训练营——这就是典型的“数字资产复利模型”。

2. 将个人技能与经验转化为可复制的数字资产

在 AI 技术全面渗透的当下，被动收入的核心逻辑已由“资源垄断”转向“知识封装”。普通人要深度挖掘自身可标准化的技能模块——无论是 Excel 数据处理技巧、小众垂类知识，还是特定场景解决方案，通过 AI 工具将其转化为可无限分发的数字产品。

以互联网产品为例，开发一款 App 可能前期投入巨大，但当它开发完成面向广大用户时，每多一个用户使用，增加的成本几乎可以忽略不计，这就是边际成本趋零。创作者写一篇文章，创作过程耗时费力，但发表后不管有多少人阅读，后续成本基本不变，但收益会增加。我们要善于挖掘这类边际成本低的项目，通过规模化放大收益，让被动收入的增长更具潜力。这种模式完美诠释了硅谷创投教父彼得 · 蒂尔的观点：“真正伟大的企业，都是找到把 1 份努力卖出 10000 次的方法。”

3. 永远不要把被动收入视为天上掉馅饼

有人听闻被动收入后，便期待着不费吹灰之力就能财源滚滚，这种想法大错特错。以投资股票为例，有人看到别人在股市中赚得盆满钵满，以为随便买几只股票就能坐等收益，却忽视了背后需要花费大量时间去学习金融知识、分析市场趋势、研究公司基本面。没有前期的积累和钻研，盲目入场，大概率只能成为被收割的对象。

任何形式的被动收入，都不是凭空而来的，它需要我们在前期投入心血、精力，甚至承担一定风险，只有经历这些过程，才能在后期享受被动收入带来的红利，切不可抱有不切实际的幻想，妄图坐享其成。

当你真正理解了被动收入的本质，会发现真正的财富自由不是银行卡上的数字，而是构建一套自我生长的商业生态系统。这个系统里可能有你深夜打磨的技能、反复优化的方案、精心布局的投资……它们就像精密咬合的齿轮，一旦开始运转，就会产生源源不断的动力。

第四章

锚定市场需求，设计“小快灵”的项目

市场需求不是冷冰冰的数据，而是情绪、行为与渴望的交织。“小快灵”项目正是应对复杂性的利器，如灵动风帆，可快速调整方向，在变幻莫测的市场中开辟新的财富航道。

用户画像：精准狙击你的目标客户

很多人有过这样的困惑：自己辛辛苦苦做产品、搞推广，可客户就是寥寥无几，钱也赚不到多少。其实，问题很可能出在没找准目标客户。没找准目标客户，就如同在沙漠里卖船，即便产品性能再优越、推广手段再花哨，也难以激起潜在消费者的兴趣。

要精准狙击目标客户，必须先进行用户画像。用户画像绝非凭空想象，它是基于用户的社会属性、生活习惯、消费行为以及兴趣偏好等多个维度信息，经过深度挖掘与分析，进而抽象出来的一个标签化的用户模型。

小李开了一家网店卖手工饰品。起初，他觉得只要东西好看，谁都可能买，就没有针对性地做推广。结果，店铺流量少得可怜，订单更是屈指可数。后来，有人建议他对潜在用户进行画像。他欣然接受了这个建议。

于是，他仔细观察购买过的顾客、和他们聊天、分析各种数据，结果发现，购买饰品的大多是20～30岁的年轻女性，她们喜欢在社交媒体上分享生活，追求个性化，而且对价格比较敏感。掌握了这些信息后，小李似乎找到了宝藏地图。他根据用户的特点，重新设计了店铺页面，用更时尚、个性化的风格展示饰品；在年轻女性常用的社交平台上做推广，还推出了一些性价比高的套餐。经过一系列操作后，店铺的生意越来越好。

为什么用户画像对个人创富有这么大的作用呢？道理很简单。就像射击，需要知道靶子在哪儿，才能射中。有了用户画像，就能清楚地知道客户有什么喜好、需求，愿意花多少钱。这样就能把精力和资源都用在刀刃上，从而提高成功的概率。

那如何给用户画像呢？可以从以下这几个方面入手。

1. 收集基础数据

要广泛收集用户的基础信息，包括年龄、性别、职业、收入、地理位置等。这些数据是构建用户画像的基石，可以通过问卷调查、用户注册信息、第三方数据平台等多种渠道获取。例如，在电商平台上，通过用户注册时填写的信息，就能初步了解用户的基本属性。

2. 分析行为数据

深入剖析用户在产品使用过程中的行为数据，这如同打开了解用户兴趣偏好和消费习惯的一扇窗。浏览记录是用户行为的直观呈现，频繁浏览运动装备页面，大概率表明用户对运动产品感兴趣，进而可以推测其可能有运动健身的习惯，对运动相关的周边产品，如运动饮料、运动护具等也可能有潜在需求。

搜索关键词更是能较为准确反映用户当下需求的信号，如输入“智能手表”，就说明用户此刻对这类产品有强烈的购买意向。购买频率和购买时间也蕴含着重要信息：每周固定购买生鲜食材，表明用户是家庭日常食材采购者；节假日集中购买礼品，可反映出用户在特定时间节点的消费特征。

3. 洞察心理与兴趣

社交媒体成为洞察用户心理需求和兴趣爱好的重要阵地。用户的每一条言论、每一个点赞、每一次评论，都如同其内心世界的一面镜子。经常点赞旅游相关内容并分享旅行经历的用户，无疑对旅游充满热爱，可能向往不同的风土人情，对旅游攻略、特色民宿、旅游纪念品等有浓厚兴趣。从用户对电影、音乐的评价中，可以洞察其审美偏好和情感需求，喜欢文艺片的用户，可能更注重精神层面的体验，追求独特的文化内涵。

4. 构建标签体系

将收集到的海量数据进行分类整理，构建完整的标签体系，是让用户画像清晰呈现的关键步骤。以年龄为例，将 20 ～ 30 岁标记为“年轻群体”，这个群体充满活力，追求新鲜事物，消费观念较为超前。喜欢旅游的用户标记为“旅游爱好者”，围绕这一标签，可以拓展出更多相关标签，如“背包客”“自驾游爱好者”等，通过进一步细化用户特征，方便进行有针对性的分析和营销。

5. 持续优化与更新

用户画像不是一成不变的，市场环境、用户需求和行为都在不断变化。随着时间的推移，用户年龄的增长，消费观念和需求也会发生转变。新的消费趋势和潮流不断涌现，用户的兴趣爱好也会随之波动，这些都会使用户画像发生变化。

要定期收集新数据，每月或每季度分析用户的最新动态，及时调整用户画像，只有这样才能确保其始终精准反映用户的真实状态，为商业决策提供可靠依据。

总之，在创富的路上千万不要盲目努力，要先多花点时间和精力给目标客户画个像——当你清楚地知道要“瞄准”谁时，你的每一次出击都更有可能命中目标，财富自然就会向你招手。

行业痛点扫描，全面洞察商机

在商业世界的财富地图上，标注宝藏的符号很多时候不是金光闪闪的图标，而是一个个看似刺眼的“痛点”。这些藏在消费者紧皱眉头后面、行业效率黑洞里的痛点，实则是未被开采的金矿。想要找到创富的切入口，不是非要追逐风口，而是要想办法练就一双能透视痛点的慧眼——在抱怨声中听出需求，从低效环节里发现机会，在习以为常的流程中捕捉创富的机会。

凌晨两点的义乌商贸城，“95后”创业者陈浩蹲在3米高的货架间，用手机电筒扫射堆积如山的圣诞彩灯。3天后就要交货的德国订单遭遇致命问题——1.5万串彩灯开箱后有3%的脱焊率。这个本该令人绝望的时刻，却让他嗅到了商机：“脱焊率这么普遍，如果我专攻‘开箱零瑕疵’的解决方案呢？”两年后，陈浩凭借研发的防震包装专利拿下了一家大型商超的独家供应合同。

这个案例揭开了商业世界最朴素的真相：每个痛点的褶皱里，都嵌着金矿的原石。即，痛点 = 需求盲区 = 利润蓝海。

事实也的确如此，真正的商机往往披着“麻烦”的外衣。若你能把“这事怎么这么烦”转化为“这事怎么优化”，就摸到了创富的门道。比如，餐饮老板头疼的食材损耗、白领纠结的午间用餐选择、家长焦虑的作业辅导……每个未被妥善解决的痛点，都是市场发出的“邀请函”。

那我们如何从这些混沌的需求中提炼出可落地的创富策略呢？通常需要经过四道淬炼工序。

第一道：需求过滤筛。

建立“痛点—付费意愿”匹配模型。绘制双轴坐标图，横轴为痛点发生频率，纵轴为解决紧迫性，筛选出“高频高急”的黄金象限。同时，设置“支付意愿测试阀”：设计最小可行性解决方案，通过预售、众筹或押金模式，验证用户是否愿意真金白银买单。很多看似痛点的需求，可能只是消费者随口抱怨的“伪需求”。

第二道：价值解剖刀。

将痛点拆解为“操作环节 + 决策链条 + 情感触点”的组合体。比如，外卖行业的洒漏问题，表面看是包装技术问题，进一步看是配送流程管控问题，再深入看是消费体验受损带来的品牌信任危机。找到能产生最大商业杠杆的环节切入，往往事半功倍。比如，改善包装可能只增加 5% 的成本，却能降低 80% 的客诉率。

第三道：方案嫁接术。

运用“要素重组”思维打破行业定式。把制造业的柔性生产理念引入家政服务，诞生了可定制化的清洁套餐；用游戏化机制改造健身课程，创造了会员黏性提升 3 倍的互动模式。方案嫁接术重点在于，抽取其他领域的成功要素与目标痛点的解决场景进行有效嫁接。

第四道：模式放大器。

设计“解决痛点—沉淀数据—衍生服务”的螺旋升级通道。比如，智能门锁企业最初解决的是丢钥匙痛点，积累家庭安防数据后，可延伸出保险服务、物业联动等增值业务。这种从单点突破到生态构建的跃迁，能将痛点的商业价值放大 10 倍。

真正的商业洞察力，是把“发现问题”变成肌肉记忆。它要求保持对低效的本能警觉，对抱怨的条件反射式思考。就像顶级厨师能尝出 0.1% 的盐度差异，商业高手的修炼方向是培养对痛点的超敏锐嗅觉。不妨从现在开始，随身携带“痛点记录簿”，把遇到的每个卡点、每次不爽、每声叹息都转化为商业命题的“草稿”。

记住，市场永远不缺少机会，缺的是发现机会的思维方式。当你把痛点排查内化为第二本能时，那些曾让人皱眉的麻烦，就会变成通向财富自由的密码。

围绕深层痛点，设计“小快灵”的赚钱项目

商业世界里有种特殊的“矿工”——他们不挖金矿，专挖消费者的痛点。

以忙碌的都市上班族为例，他们每天在通勤路上耗费大量时间，早餐常常随便应付。这里隐藏着一个深层痛点：在快节奏生活下，便捷、健康又能在通勤途中轻松享用的早餐需求未被满足。

围绕这个痛点，可以设计一个“小快灵”的赚钱项目——“通勤营养早餐包”。项目模式很简单，与专业营养师合作，搭配出富含蛋白质、膳食纤维和多种维生素的早餐组合，如全麦三明治搭配低糖酸奶和一小包坚果。采用便携式包装，方便上班族单手拿着吃，不影响使用手机或抓扶手。

诸如此类“小快灵”的赚钱项目有很多，它们不需要宏大的商业模式，制胜的关键在于牢牢把握用户的深层痛点。这种深层痛点并非浮于表面的小麻烦，而是潜藏在消费者日常行为与心理诉求之下，长期未被妥善解决的核心矛盾。以城市宠物喂养场景为例，不少养宠人士在出差或旅行时，总会陷入两难：寄养在宠物店，担心宠物受委屈、环境不适应；拜托朋友照顾，又怕给对方添麻烦。这背后的深层痛点是宠物主人对宠物全方位、精细化照料的迫切需求，以及市场上缺乏既专业又能让主人安心的寄养替代方案。洞察到这一痛点，创业者便可推出“上门宠物管家”服务，派遣专业人员定时

上门喂养、陪玩、清理卫生，让宠物在熟悉的环境中得到悉心照料，轻松解决主人的后顾之忧。

当然，要围绕深层痛点设计出“小快灵”的赚钱项目，需要掌握一套实用的方法。

第一，痛点挖掘。这需要我们深入目标群体，去倾听、去观察。可以通过线上线下的问卷调查、访谈等方式，直接与潜在用户交流，了解他们在生活、工作等方面遇到的困扰。比如，想要针对上班族设计项目，就要深入写字楼，与他们聊天，了解他们日常的烦恼。同时，关注社交媒体上的相关话题讨论、行业论坛里的抱怨等，从海量信息中筛选出高频出现且影响较大的痛点。此外，还可以从自身经历出发，因为我们自己往往也是某个消费群体的一员，自身的痛点很可能具有代表性。

第二，痛点评估。判断一个痛点是否值得围绕其设计项目，需要考虑几个关键因素。一是痛点的普遍性，即有多少人正在遭受这个痛点的困扰，受众群体越大，潜在市场就越大。二是痛点的严重性，即它对人们的生活、工作造成的负面影响程度有多深。影响越深，人们解决痛点的意愿就越强。三是现有解决方案的不足，如果市场上已经有成熟且有效的解决方案，那么这个痛点的商业价值就相对较低。通过综合评估这些因素，确定痛点的商业潜力。

第三，项目设计。基于确定的痛点，进行项目的整体规划，包括明确项目的核心服务或产品是什么。以“宠物无忧”为例，就是围绕宠物寄养、日托、健康监测和远程互动等核心服务来进行项目设计。在设计过程中，要注重创新，结合现代技术和新的商业模式，为用户提供独特的解决方案。比如，利用物联网技术实现宠物健康数据的实时监测，采用共享经济模式降低寄养成本，等等。同时，要考虑项目的可操作性和成本控制，确保项目能够在预算范围内顺利实施。

第四，商业模式制定。确定如何通过项目盈利，常见的方式有收取服务费用、产品销售、会员制度、收取加盟费等。“宠物无忧”平台就采用了服务收费和会员制度相结合的方式，寄养、日托等服务收取相应费用，同时推出会员套餐，为会员提供更多优惠和专属服务，增加用户黏性和收入来源。在设计商业模式时，要确保盈利模式清晰、可持续，并且与项目的核心服务紧密结合。

第五，推广与运营。再好的项目，如果不被人知晓，也难以取得成功。制定有效的推广策略，利用线上、线下各种渠道进行宣传。线上可以通过社交媒体营销、搜索引擎优化、内容营销等方式，提高项目的知名度和曝光度；线下可以举办活动、与相关机构合作等，吸引目标客户。在运营过程中，要注重用户体验，及时收集用户反馈，不断优化项目的服务和产品。建立良好的客户服务体系，解决用户在使用过程中遇到的问题，提高用户满意度和忠诚度。

在竞争激烈的商业世界，大规模、重资产的创业模式往往面临着高风险与长回报周期，而聚焦于深层痛点的“小快灵”项目就像一把把精准的手术刀，直击消费者生活与需求的关键痛点。它们无须动辄千万元的资金投入，也不用搭建庞大复杂的组织架构，就能凭借精准定位与灵活运营迅速将创意转化为实际产品或服务，并获得可观的收益。

要学会低成本试错

我们知道，当船只在迷雾中探索新航道时，“放小船”是一种具有特殊意义的操作。由于迷雾会严重阻碍大船驾驶员对周围环境，如浅滩、暗礁、狭窄水道等的判断，贸然前行风险极大。

“放小船”是指从大船上放下一艘小船，小船上配备经验丰富、熟悉水域情况的水手。这些水手凭借小船灵活轻便的特点，能够更敏捷地穿梭于复杂水域，近距离探测前方航道的具体状况，如水深是否足够、有无隐蔽危险等。他们就像大船的“侦察兵”，一边探测，一边通过特定的信号，如旗帜、灯光、呼喊等，及时将航道信息传递给大船上的人。

发现正确航道，大船便可全速前进。这个被大航海时代验证的策略，正是当代创富者亟须掌握的核心能力：用最低成本验证潜在机会，用最轻姿态穿透市场迷雾。反观现实，有相当一部分失败案例都存在一条隐藏曲线——“失望—追加投入—更大失望”的死亡螺旋。

小周是一位“90后”，他一直对餐饮行业充满热情，梦想着拥有一家属于自己的特色餐厅。但他深知餐饮市场竞争激烈，贸然投入大量资金风险巨大。于是，他决定从小成本试错开始——开了一家热卤摊。他的试错逻辑很有策略性：每晚5点出摊，7点前撤走卖不完的荤菜，保留下超过10天的素菜数据卡。其间，他不断收集顾客的反馈，了解顾客对口味、价格、包装等方面的意见。经过一段时间的尝试，他发现其中一款照烧鸡腿饭特别受欢迎，而且顾客对他注重食材新鲜和健康搭配的理念也十分认可。基于这些反馈，小周觉得时机成熟了，便在小区附近租了一个不大的店面，正式开了一家以照烧鸡腿饭为主打的简餐店。由于前期的小成本试错让他精准地把握了顾客的需求，店铺一开业就生意火爆，很快就实现了盈利。

从上面的案例中，可以提炼出一些实用的小成本试错方法。

1. 要练就一双敏锐捕捉市场需求的“慧眼”

在日常的生活中，人们的困扰与需求无处不在。那些看似平凡的细节，往往孕育着巨大的商业潜力。我们要积极主动地与不同的人交流沟通，在社交场合、工作环境及日常生活中，倾听他们在生活与工作中遇到的难题，从中筛选出那些尚未得到充分满足的需求点。同时，时刻关注行业的动态与趋势。行业的变革与发展常常会带来新的市场空白，这是发现商机的重要途径，要给予关注。

2. 起步阶段，要尽可能地降低成本

这就要求我们充分利用身边现有的资源。比如，个人的技能、闲置的物品、网络平台等，以此开展初步的业务测试，避免在一开始就将大量资金投入到租赁场地、购置设备等方面，而给自己带来沉重的经济负担。线上渠道是一个绝佳的低成本推广和销售平台，它不仅能够以较低的成本快速触达目标客户群体，还能让我们及时了解市场反馈。

此外，在产品或服务的设计上，不妨从简单、基础的版本入手，随着市场需求的逐渐清晰和业务的逐步拓展，有针对性地进行优化与升级。

3. 高度重视反馈的收集与深入分析

在小成本试错的进程中，每一位客户的反馈都是无比珍贵的财富。无论是积极的肯定还是负面的意见，都为我们指引改进的方向。通过与客户保持紧密的沟通互动，深入了解他们对产品或服务的满意程度，以及他们期望看到的改进之处。依据这些反馈，及时灵活地调整策略与方案，确保始终朝着正确的方向前进。

4. 始终保持耐心与灵活性

小成本试错并非一条平坦的大道，而是充满了曲折与挑战。有时候，一次尝试可能并不会立刻收获成功，但这绝不是放弃的理由。我们要善于从失败中吸取教训，仔细分析失败的原因，有针对性地调整方法，勇敢地进行下一次尝试。同时，市场环境和客户需求时刻都在发生变化，需敏锐地感知这些变化，灵活调整试错的方向与内容，以适应不断变化的市场形势。

5. 学会科学地控制风险

要明确自己能够承受的损失范围，避免盲目投入。首先，制订详细周全的预算和计划，对每一项投入进行严格细致的把控。其次，提前为可能出现的失败做好充分准备，规划好退路，确保在遭遇挫折时能够及时止损，不至于陷入无法挽回的困境。

低成本试错，不仅是一种策略，也是一种商业智慧，更是一种在充满不确定性的世界中寻找确定性的有效手段。它能让创业者在资源有限的条件下，以最小的风险探索无限的商业可能，在不确定性中锚定成功的方向。

打造爆款，让利润裂变式增长

打造爆款并实现利润裂变式增长，是众多创业者和企业梦寐以求的目标。爆款一旦形成，便会产生强大的品牌效应和规模经济。品牌知名度的提升，使得消费者对产品的信任度大幅增加，进而促进产品的销售。同时，随着销量的增长，单位成本逐渐降低，利润空间得以不断扩大。

以智能手环市场为例，几年前，市场上的智能手环功能大多较为单一，主要集中在运动步数记录和睡眠监测等基础功能上。而一家新兴的科技公司看准了这个市场的潜力和不足，决心打造一款与众不同的智能手环。

他们深入市场调研，发现消费者对于健康管理的需求日益增长，希望手环不仅能记录运动数据，还能实时监测自己的心率、血压等关键健康指标，并且方便与手机连接，实现数据同步和分析。同时，消费者也希望手环的设计更加时尚美观，能满足不同场合的佩戴需求。

基于这些调研结果，该公司推出了一款全新的智能手环。在功能上，它不仅具备精准的运动和睡眠监测功能，还能实时监测心率、血压，甚至可以进行简单的健康风险评估。在设计上，采用了时尚简约的外观，提供多种颜色和表带选择，满足不同消费者的审美需求。

在营销策略上，该公司与各大运动健身机构、健康专家合作，举办线上线下活动，宣传健康生活理念，并展示智能手环在健康管理中的重要作用。同时，利用社交媒体进行推广，邀请知名博主、网红试用并分享使用体验，吸引了大量消费者的关注。

这款智能手环一经推出，便迅速在市场上掀起热潮，销量一路飙升。凭借高销量，该公司在与供应商谈判时获得了更有利的价格，降低了生产成本。同时，通过不断优化生产流程和供应链管理，进一步提高了生产效率，降低了运营成本。最终，这款智能手环成为爆款产品，为公司带来了巨额利润。

任何一款产品，不会无缘无故火起来。从上述的案例中，我们可以提炼出三个打造爆款产品并实现利润最大化的实用方法。

1. 精准定位需求，找到“非买不可”的痛点

爆款产品的设计起点是需求洞察。需要先深入研究目标用户的真实痛点，并找到那些尚未被充分满足的需求。具体步骤如下：

（1）用户调研。综合运用多种调研方法，发布精心设计的调查问卷，广泛收集用户的基本信息、消费习惯、使用产品时遇到的问题等数据。

（2）数据分析。收集并分析用户在相关平台上留下的行为数据，如电商平台的浏览记录、购买历史，社交媒体上的点赞、评论内容，以及各种调查数据等。通过数据分析工具，挖掘用户行为背后的潜在需求。

（3）竞品分析。全面研究市场上同类产品或服务，了解竞争对手已满足的需求和尚未覆盖的空白领域。分析竞品的优势与不足，从用户对竞品的评价中，找出可突破的痛点。

（4）需求验证。初步确定痛点和需求后，制作简单的产品原型或服务方案，找小部分目标用户进行试用或体验。收集他们的反馈意见，判断是否真正击中了用户的“非买不可”痛点。若反馈不佳，及时调整优化，重新验证，直到找到真正能引发用户强烈购买欲望的需求点。

2. 设计“尖叫点”，让用户无法抗拒

爆款产品往往有一个让人“尖叫”的独特卖点，这个卖点能够瞬间抓住用户的注意力，并激发他们的购买欲望。它可以是超乎想象的产品性能。例如，特斯拉汽车，以其领先的自动驾驶技术，打破传统汽车驾驶模式，让用户体验到未来出行的便捷与震撼，这一技术的亮点便是引发“尖叫”的核心。

“尖叫点”也可以是极致的用户体验。海底捞以贴心服务而闻名，从排队时的免费美甲、零食供应，到用餐时的细致关怀，甚至为小朋友准备专属的游乐区域，全方位满足用户需求，让顾客在享受美食前就已被服务打动。

当然，它还可以是从独特的情感价值切入。例如，苹果产品，不只是硬件设备强大，更是一种创新、高品质生活的象征，用户购买它，是在认同并融入这种价值观，获得强烈的情感共鸣。

3. 构建传播闭环，让产品自带裂变属性

爆款产品的传播能力是其成功的关键。为此，需要设计一套完整的传播机制，让用户主动成为你的推广者。比如，设计趣味测试、打卡任务或限量福利等让用户愿意分享的功能或体验，或通过“邀请好友得奖励”“分享得优惠券”等方式，激发用户的传播动力。一旦高质量的产品和服务积累到良好的用户口碑，便会形成正向循环。

爆款是科学与艺术的精妙融合，其本质是需求与供给的深度契合。要实现从爆款到持续盈利的良性循环，最终达成利润的裂变式增长，需要创业者和企业不断精心谋划、深度耕耘。

聚焦于一个领域，努力做到极致

生活中，很多人的时间就像一块被随意切割的蛋糕，被各种琐事、机会和诱惑瓜分得七零八落。同样的道理，在追求财富途中，也会有很多人陷入“多项目综合征”——同时追多个项目，他们认为“多做一点总比不多做好”。

事实上，每多做一个项目，就意味着要放弃其他更有价值的机会。比如，你花时间做一个利润率低的副业，可能就错过了深耕主业、提升核心竞争力的机会。这背后其实隐藏着一个经济学原理——边际效用递减定律。当你同时追多个项目时，时间和精力会被分散，每个项目的投入强度都会降低。就像将一小瓶水倒进多个杯子，每个杯子都接不到多少水，你的努力也会因为分散而失去效果。

王君是一个创业者，在过去几年里他尝试过至少10个项目：从线上教育到线下培训，从跨境电商到本地生活服务。无一例外，所有的尝试都以失败告终。

直到2024年，他经历了人生中最惨痛的一次教训：他同时启动了两个项目——一个在线课程和一个社交电商平台。为了赶进度，他把时间切割成碎片，每天都在两个项目之间来回切换。结果，在线课程因为缺乏深度内容而没有多少流量，社交电商平台因为供应链管理混乱而被迫停运。

最终，他意识到时间的分散就是财富的流失。于是，他决定改变策略：专注于一个领域——本地生活服务中的“社区团购”。他将大部分时间和资源都投入这个项目中，深入研究社区居民的需求、优化供应链流程、设计高效的用户运营策略。短短半年时间，他的社区团购平台就实现了盈利。

创富的关键不在于你做了多少个项目，而在于你在一个领域做到了什么深度。当你把时间和精力集中在一项目上时，你就能更快地积累经验和资源，建立起自己的核心竞争力。当你把时间分散在多个项目上时，不但效率显著下降，资源也会被分散掉。

为了避免浪费宝贵的时间和资源，需严格恪守以下行动策略。

1. 明确你的核心目标

在开始任何项目之前，问自己一个问题：“这件事是否能帮助我实现长期的核心目标？”如果答案是否定的，果断放弃。比如，制定一个核心目标——或是“提升某项技能”，或是“打造一个盈利项目”，然后对目标层层分解，确定每个阶段的关键目标，并制订具体的行动计划。

2. 建立“优先级矩阵”

把所有事务对应放入“重要且紧急”“重要但不紧急”“不重要但紧急”“不重要且不紧急”这四个象限。对“重要且紧急”的事，如重要项目截止日期临近，需立即着手；“重要但不紧急”的事，如自我提升学习，要规划时间持续推进；而“不重要但紧急”的事，如临时会议邀请，若与核心事务冲突可委婉拒绝；“不重要且不紧急”的事，如无意义的社交闲聊，要果断屏蔽。只聚焦于前两个象限，把时间用在刀刃上。

3. 优化时间管理

把时间切割成“专注块”，有利于我们集中精力处理重要事务。可以采用“番茄工作法”，以 25 分钟为一个专注时段，全身心投入一项任务，如撰写方案、学习专业知识等，完成后休息 5 分钟，放松大脑，缓解疲劳；也可以将一天划分为几个专注时间段，每个时段只聚焦于一件核心任务。比如，上午处理重要工作，下午专注于项目策划案的撰写。避免多任务并行导致精力分散，确保每个时间段都能高效产出，充分利用时间，向着核心目标稳步迈进。

4. 定期复盘与调整

每隔一段时间，如一个月或一个季度，对自己的时间和精力分配进行一次全面回顾。具体而言，先详细列出过去这段时间内投入的所有项目和任务，无论是工作上的业务拓展、学习中的课程进修，还是生活里的社交活动。

然后以目标为导向，评估每项事务的价值，如是否有助于技能提升、业绩增长或个人成长。对于那些未能带来实质价值、徒耗时间的行为，如低效的会议、无意义的社交应酬，要坚决摒弃。根据评估结果，重新制订未来计划，合理分配时间，确保每一分精力都用在重要的事情上，持续优化行动路径。

在这个信息过载的时代，“专注”已经成为一种稀缺力。与其把时间分散在多个无关紧要的项目上，不如聚焦在一个领域，努力把它做到极致——在从 0 到 1 的创富路上，重要的不是做了多少件事，而是在一件事上做到了多深。

从“小”起步，铺就财富大道

每当谈及投资做生意，不少人内心都会涌起一股热血，满是跃跃欲试的冲动。然而，真正到了付诸实践的时候，却又迟疑不决，甚至打退堂鼓，这几乎是大多数人都会面临的状况。在诸多托词中，最常听到的就是“没有足够的本钱”。

很多人一心想着发横财，要么不做，要做就大赚一把，还美其名曰“要实现财富自由”，从心底瞧不上小生意。潜台词是“小生意能赚多少钱呀”，持有这种心态的人极为普遍。

很多人认为，本钱越充足，成功的概率就越大。但仔细想想，那些拥有雄厚资本的人，他们的财富难道是从天而降的吗？当然不是，他们大多都是从小生意起步，一步一个坚实的脚印走出来的。就像万丈高楼离不开一砖一瓦的堆砌，正如《道德经》所言：“合抱之木，生于毫末；九层之台，起于累土；千里之行，始于足下。”

投身于小生意，不仅能够积累起开展更大规模生意所需的资金，还能在实践中积累宝贵经验，逐步拓展人脉资源，甚至有可能将小生意发展成庞大的商业帝国。比如，知名品牌“煌上煌”，10多年前它还只是一家前店后坊的普通熟食小店，谁能想到，如今它已发展成为资产近亿元的集团公司。

众所周知，温州人擅长做纽扣、标签、标牌、商标、饰品、玩具等看似不起眼的小玩意儿。但恰恰是这些被外地人瞧不上、不愿做的小生意，成为温州经济飞速发展的强大助力。

松下幸之助曾说：“我也是从小生意做起，凭借着勤奋努力，历经艰辛，才奠定了如今的事业基础。我常常告诫员工：想要从事发明创造，必须从身边的小发明开始；想要成就大事，就一定要从身边的小事做起。”

那些不愿从小事做起的人，即便哪天幸运地中了百万元大奖，也未必就能做好大买卖。这就好比一个人毫无管理和指挥一个连队的经验，却突然被赋予指挥一个师的重任，他又怎么可能管理和指挥得当呢？

本钱少并不可怕，只要能够精准地把握机会，就不愁不能实现从少到多、由小变大的财富积累。那些商界的成功者，哪一位不是通过艰苦的原始积累，一步步发展壮大起来的呢？

创业者在选择生意时，不应仅因为生意规模小就轻易放弃，而应重点考量这个生意是否具备可操作性、是否契合自身条件、是否能够带来盈利。对于绝大多数人而言，这条准则无疑是正确的。毕竟在创业过程中，往往会面临经验不足、资金匮乏、对市场认识模糊、定位不准确，以及对成败预估失误等诸多难题。那么，是在市场中盲目闯荡，遭受惨痛挫折后才认清这些问题，还是通过尝试小生意，从点滴中积累经验呢？答案不言而喻。事实上，许多亿万富翁就诞生于纽扣、打火机、袜子等看似不起眼的行业。

不过，并非每一位创业者都必须从小生意起步。这条路径主要适用于那些既无资金，又无经验和项目，也没有导师指导，唯独拥有坚定创业决心的人。倘若具备以下条件，就不一定要拘泥于小生意：

一是拥有充足资金。资金雄厚的创业者可以依据自身资金实力来判断是否涉足小生意。例如，一个拥有 1000 万元资金用于投资的创业者，2万元的生意对于他来说可能不值得一提。

二是经验丰富。不少创业者一开始就能投身大生意，原因就在于他们在相关行业深耕多年，积累了丰富的经验和人脉资源。当他们决定创业时，所需的只是整合各方资源，把控全局，生活中这样的成功案例屡见不鲜。

三是手握优质项目。在当下这个信息飞速流通、资本高度活跃的时代，一个独具慧眼、极具潜力的优质项目如同一块强大的磁石，能够精准地吸引各类风险投资者、战略投资者的目光，使他们纷纷主动抛出橄榄枝，为项目注入充足资金。同时，凭借项目的吸引力，也能招揽到行业内顶尖的人才。

四是有导师指导。很多人可能没有深刻体会到这一点，这里所说的导师，是指那些在市场中历经风雨、真正富有经验的成功人士。若能在创业过程中得到他们的指导，创业者便能少走许多弯路，节省大量的时间和金钱，更快地迈向成功。

总之，对于做生意是否从小做起，不能一概而论，而应辩证看待，根据个人的实际情况和具体事情来决定。所谓的小和大，是相对创业者自身能力而言的。在创业初期，创业者最好还是选择那些对自己来说规模较小、易于把控的生意项目，稳扎稳打，逐步积累经验和资源，为未来的发展奠定坚实的基础。

第五章

深度融合认知与需求，构建自己的商业模式

构建商业模式的过程，是自我认知与外界需求深度融合的过程，它要求我们不断审视自身的核心竞争力与独特价值主张，同时敏锐地捕捉市场趋势与消费者行为的微妙变化。

能复制的生意，算不上好生意

在商业世界中，有一条颠扑不破的法则：能被轻易复制的生意，注定会被淹没在竞争的红海中。就像大自然中的物种进化，只有那些拥有独特生存优势的个体，才能在漫长的进化过程中存活下来。

彼得·蒂尔在《从0到1：开启商业与未来的秘密》中说过这样一句话："竞争是弱者的本能。"换句话说，如果你的生意模式可以被轻易复制，你就永远无法成为真正的赢家。真正的好生意，一定是那些拥有独特"护城河"的生意。这种"护城河"可以是技术壁垒、品牌忠诚度、独特的资源掌控能力，或者某种难以被模仿的核心竞争力。

因此，如果想要在商业上取得成功，就应该尽量避免陷入竞争的泥潭，而是要努力创造新的、独特的价值，以此来建立自己的"垄断"地位。这就是"从0到1"的思维方式，即从无到有的创新，而不是从1到N的复制。

几年前，在一家名企担任部门经理的李先生辞掉工作，带着500万元积蓄杀入奶茶赛道。他坚信：成功是可以复制的。他效仿一知名奶茶店连开5家门店，每家都精准复刻这一奶茶店选址策略、产品配方，甚至员工制服。结果，2024年闭店清算时负债一百余万元。

他单纯地复制对方的模式，陷入同质化竞争。只看到表面的选址、配方和制服等可复制元素，却忽略了对方背后的品牌优势、供应链体系、运营管理等核心竞争力。缺乏从0到1的商业模式的创新，最终导致闭店负债。

这揭示了一个残酷的真相：在数字经济时代，单纯地复制商业模式就像在流沙上盖楼——越是精准复刻，崩塌速度越快。有些权威的商业机构调查显示：采用“完全复制策略”的创业公司，3年存活率仅7.2%，而具备核心不可复制要素的企业存活率高达63%。

一个好的商业模式必须建立在独特性之上。这种独特性可以是某种难以被复制的核心竞争力，也可以是某种深刻的情感连接。如此，即便竞争对手能够复制你的产品或服务，也无法复制你的品牌故事、文化内涵或用户情感。

对于创业者来说，在设计商业模式时，该如何避免同质化，更好地体现自身的独特性及优势呢？

首先，深度挖掘“独特资源”。创业者需全面审视自我，不只是简单地罗列专业知识、行业经验、人脉关系等，更要深入剖析这些资源背后的核心价值。比如，若你在某一细分领域深耕多年，积累的不仅是操作技能，还有对行业痛点的精准洞察，这便是极为宝贵的资源，能助力你打造差异化商业模式。

其次，用心构建“情感连接”。用户选择产品或服务，情感因素常常起到决定性作用。创业者可通过讲述品牌背后的故事，将创业初衷、理念融入其中，让用户产生情感共鸣。例如，江小白凭借瓶身的青春文案，触动了年轻人的内心。同时，设计独特的用户体验，从产品包装到售后，都能让用户感受到与众不同的关怀。打造鲜明的品牌文化，如苹果公司，以创新、高端的品牌文化吸引了大量忠实用户。

再次，着力强化“网络效应”。网络效应能让商业模式拥有强大的自我强化能力。以一些短视频平台为例，随着用户数量的增加，其内容越发丰富多样，对新用户的吸引力也不断增强。创业者可设计促进用户互动的产品或服务，如社交电商平台，用户间的分享和推荐不仅能带来新用户，还能提升平台价值。

最后，持续创新与迭代必不可少。商业模式并非一成不变，要定期收集用户反馈，分析市场动态。例如，共享单车在发展过程中不断优化运营模式，增加新功能，以适应市场变化。只有不断进化的商业模式，才能在激烈的市场竞争中立于不败之地。

在这个信息高度透明的时代，任何商业模式都可能被模仿，但真正的好生意一定是那些拥有独特“护城河”的生意——要么难以被复制，要么即使被复制也无法在短期内被超越。所以，不要去追求那些“看起来很美”的商业模式，而要专注于打造一种不可复制的生意经，在商业世界的红海中开辟一片属于自己的蓝海。

需要注意的是，真正的不可复制性不在于保护现有模式，而在于持续创造新价值维度。未来，属于那些能把企业变成生物体的组织——不惧怕被复制，因为每一次基因重组都在诞生新物种。在这片充满复制者的红海里，唯有进化成更高维度的生命形态，才能跳出内卷的“死亡螺旋”。

用好财富杠杆，实现小成本创业

公元前3世纪，阿基米德说："给我一个支点，我能撬动地球。"2000多年后，这句话被很多人改写为："给我一部手机，我能撬动千万流量。"未来学家雷·库兹韦尔预言："21世纪最伟大的发现，将是普通人如何用系统化的杠杆放大人生价值。"

很多人认为，创业必定要投入大量资金、人力和物力，然而，真正的智慧在于利用有限资源，以小博大，实现财富的增长。这背后蕴含着深刻的经济学原理——杠杆原理。

对于渴望创业的人来说，该如何用好财富杠杆，实现小成本创业呢？掌握好五大创富杠杆的底层逻辑，你也可以成为财富世界的"力学大师"。

1. 时间杠杆：从线性增长到指数爆炸

时间对于每个人都是公平的，一天24小时，一分不多，一秒不少。善于利用时间杠杆的人，能让自己的价值实现指数级增长。

在传统的工作模式下，我们的收入往往是线性增长的，付出一份时间，获得一份回报。而要利用时间杠杆，就要打破这种线性模式。比如，制作并售卖线上课程就是一个很好的例子。你花费一定的时间和精力，精心打造一门高质量的课程，一旦课程上线，就可以被无数人购买和学习。这意味着，你前期投入的时间成本，在后续能够不断产生收益，实现了从一份时间换取一份收入，到一份时间换取多份收入的转变。只要这个课程有价值，随着时间的推移，它的收益就会像滚雪球一样越来越大。

2. 认知杠杆：信息差的三维战争

在这个信息爆炸的时代，认知差就是最大的财富密码。所谓认知杠杆，就是利用信息差，站在更高的认知维度去看待问题、解决问题，从而获得报酬。

很多成功的创业者，都是因为看到了别人看不到的机会，提前布局。比如，当大多数人还在传统电商领域厮杀时，有些人已经敏锐地察觉到了社交电商的潜力，他们通过深入研究社交平台的规则和用户需求，率先在社交电商领域开拓市场，最终获得了丰厚的回报。

想要提升认知，就需要不断学习，加深专业知识，拓宽知识面和视野。可以通过阅读专业书籍、参加行业研讨会、与行业内的专家交流等方式，获取最新的信息和前沿的观点。同时，要学会独立思考，对获取到的信息进行分析和判断，形成自己独特的见解。

另外，在信息差的获取和处理上，要讲究速度。如果等很多人都已经了解了某些信息，信息差就不复存在了，自然价值也大打折扣，也就起不到杠杆的作用了。

3. 人际杠杆：超级节点的炼金术

人际关系在创业过程中的重要性不言而喻。人际杠杆，就是要善于利用人际关系网络，找到那些能够为自己带来关键资源和机会的超级节点。

举一个简单的例子：你想要做一款母婴产品，如果你认识一位在母婴行业有广泛人脉和影响力的关键意见领袖（KOL）。他可以为你提供产品推广的渠道，还能帮你对接优质的供应商和合作伙伴。又或者，你在参加一次创业交流活动中，结识了一位投资人，他对你的创业项目非常感兴趣，愿意为你提供启动资金和专业的指导。

建立和维护良好的人际关系，需要真诚待人，主动帮助他人解决问题。同时，还要积极参加各种社交活动，扩大自己的社交圈子，提高自己结识超级节点的概率。

4. 技术杠杆：工具革命的财富重构

如今，技术已经成为创业过程中不可或缺的重要杠杆。新技术的出现，往往能够带来全新的商业模式和巨大的财富机会。例如，短视频和直播技术的兴起，催生了一大批网红和电商主播。他们利用技术打破了传统的销售模式，通过直播带货实现了销售额的爆发式增长。再如，人工智能技术的应用，让很多行业的工作效率得到了极大的提升，也为创业者提供了更多的创新空间。

对于创业者来说，要时刻关注技术的发展趋势，积极学习和应用新技术。即使你不是技术专家，也可以与专业的技术团队合作，借助于他们的力量，为自己的创业项目赋能。

5. 资本杠杆：金钱游戏的拓扑变形

资本杠杆，简单来说就是利用别人的钱来为自己赚钱。对于小成本创业者来说，合理利用资本杠杆，可以在短时间内获得更多的资源，加速创业项目的发展。比如，可以通过股权融资的方式，吸引天使投资人或风险投资机构为你的项目注入资金。他们提供资金，换取你公司的部分股权，这样你就可以利用这些资金进行产品研发、市场推广等。另外，还可以通过银行贷款、众筹等方式筹集资金。

需要注意的是，使用资本杠杆也存在一定的风险。比如，股权稀释、债务偿还等问题。所以，在利用资本杠杆时，一定要做好风险评估和规划，确保资金的合理使用。

总之，低成本创业不是“省钱的艺术”，而是如何利用“杠杆效应”的智慧。它要求我们跳出传统的思维模式，深入理解并合理运用一些创富杠杆，以小博大。特别是AI时代，在一定程度上，一个人最终的竞争优势在于组合杠杆的创造力。

从一个金点子开始探索商业模式

一个好的创业点子，本质上是精准地找到了市场中尚未被满足的需求，也就是发现了供需之间的不平衡点。通过合理的商业模式，这个金点子可以转化为能够满足市场需求的产品或服务，进而实现价值的创造和财富的积累。

优秀的创业者往往能够在一些看似幼稚的创意点子背后，看到创富的终极密码：在过剩时代，真正的商业机会往往始于“不可能三角”的破界思考。

侯林，一位咖啡爱好者，同时是创业浪潮中的一位摸索者。他此前开办的两家传统咖啡馆，在激烈的市场竞争中，因产品同质化严重而折戟沉沙。痛定思痛后，侯林决定在第三次创业时，从一个独特的点子出发。

他以很低的价格租下了城市中心一处老旧厂房，决定把这里打造成一个别具一格的复合空间——“××记忆馆”。他不只是把这里打造成卖咖啡的场所，还要将其定位为承载城市文化记忆的独特空间。

围绕这个创业点子，侯林不断构建自己的商业模式。他积极与本地艺术家合作，让每一面墙都成为展示本地艺术的舞台，同时为每一杯咖啡都赋予一个与城市历史相关的故事。此外，他还策划了

“城市故事分享会”，定期邀请本地作家、摄影师和音乐人分享创作灵感，进一步丰富空间的文化内涵。

事实证明，侯林基于金点子探索出的商业模式大获成功。“××记忆馆”迅速成为年轻人的打卡胜地，其独特之处就在于，它超越了传统咖啡馆的范畴，成为连接人与城市情感的文化载体。

对于创业者来说，一个好的金点子是探索商业模式的起点。但仅有金点子还不够，还需要围绕这个点子，深挖目标客户的需求，整合各类资源，构建独特的价值主张。

但凡能够创造巨大价值的商业模式，往往都始于对微小需求痛点的深刻洞察。从经济学角度来看，任何一种成功的商业模式都在优化“供需错配”。很多创业金点子，其实就是从混乱的市场信息流中发现的那条隐藏的价值裂缝。它不是横空出世的灵感迸发，而是对世界中未被满足需求的系统性捕捉。

作为普通的创业者，如何敏锐地捕捉创业的金点子，并以此不断探索适合自己的商业模式呢？

1. 深挖自身痛点，洞察市场需求

在日常生活里，你是否有过诸事不顺的时刻？排队时的漫长等待、网购商品质量的瑕疵、工具使用时的不便……这些自身遭遇的痛点，很可能是大众共有的困扰。作为创业者，你可以准备一个专属的“痛点收集本”，每日记录下那些让自己感到不适、不爽的细节，如打车等待时间过长、厨房清洁过于烦琐等。定期翻阅这些记录，寻找其中的共性，或许就能挖掘出一个极具潜力的创业方向。因为解决这些痛点，正是满足市场需求的关键，能让你的创业项目迅速找到目标客户。

2. 留心生活细节，发现潜在商机

生活中处处藏着商机，关键在于你是否有一双善于发现的眼睛。多去不同场景体验生活，无论是热闹的商场、拥挤的公交地铁，还是宁静的社区公园，都可以成为你发现商机的场所。在餐厅用餐时，注意顾客对菜品的口味、上菜速度的抱怨；乘坐公共交通时，观察乘客在座位上的舒适度、换乘便利性上的需求；等等。这些看似平常的生活片段，都可能成为你创业灵感的源泉。把观察到的问题记录下来，深入思考解决方案，说不定就能从中诞生一个了不起的金点子。

3. 紧跟网络热潮，抓住时代风口

在信息飞速传播的当下，社交媒体和热门论坛是了解流行趋势的绝佳窗口。当露营成为热门活动时，敏锐的创业者就能从中看到商机，如提供特色露营装备租赁，或者策划个性化露营活动。只要紧跟网络话题，关注新兴趋势，就能及时抓住时代赋予的创业机遇。随后，根据目标客户群体的特点，设计线上线下融合的运营模式，让创业项目迅速落地生根。

4. 开展头脑风暴，激发无限创意

一个人的思维难免有局限，而团队的智慧是无穷的。召集身边的朋友、同事或家人，围绕一个明确的主题，如“如何改善城市上班族的午休体验”，开展一场头脑风暴。在讨论中，鼓励大家畅所欲言，不设任何限制，让各种新奇的想法自由碰撞。记录下所有的发言，事后仔细筛选，那些看似荒诞不经的想法，说不定稍加雕琢就能成为极具潜力的创业方案。

5. 永葆好奇之心，持续学习成长

创业的道路充满未知与挑战，只有保持好奇心和学习心态，才能不断发现新的机会。每天抽出一定时间阅读书籍、浏览行业资讯，参加线上线下的培训课程，学习新知识、新技能。关注社会发展动态和科技进步成果。新知识可能为你的创业带来新思路。好奇心会驱使你不断探索，学习能力则能让你将这些探索转化为实际的创业行动。

市场是不断变化的，消费者的需求也在不断演变。即便有幸觅得绝佳的创业点子，也不能故步自封，在用商业思维浇灌它的同时，还要不断创新、突破，以打造一种可持续自我迭代的商业模式，实现财富的稳健增长与积累。

薄利多销，还是厚利适销

在商业世界的定价策略里，“薄利多销”常被视为经典准则，似乎低价促销就能吸引大量消费者，实现利润的积累。然而，市场的复杂性远超想象，这种策略并非放之四海而皆准。

类似这样的场景很常见：清晨的菜市场里，卖菜大妈将每斤白菜降价两角，摊位前迅速排起长队；与此同时，CBD 写字楼里的奢侈品买手正为一个定价六位数的鳄鱼皮包贴上“全球限量”标签。

这两种场景背后，藏着商业世界最原始的哲学命题：究竟该用薄利撬动规模，还是凭厚利收割利润？在个人创富的征途上，这个选择题从未像今天这般尖锐——当流量红利消退、消费分级加剧，普通人如何在这场没有标准答案的博弈中，找到属于自己的财富密钥？

商业史上从不缺乏“薄利神话”。沃尔玛创始人山姆·沃尔顿曾驾驶二手卡车穿梭于小镇之间，用“天天低价”策略将商品毛利率压到 22%，却在北美大陆建起零售帝国；中国义乌小商品城的商户们，靠着每支圆珠笔 0.01 美元的微薄利润，创造了“世界超市”的奇迹。这些故事印证着规模经济的魔力：当单位成本随着销量攀升而持续摊薄时，微利也能聚沙成塔。

但硬币的另一面同样闪耀。瑞士手表行业每年仅生产全球 1% 的腕表，却攫取了整个行业 55% 的利润。LVMH 集团掌门人伯纳德·阿尔诺深谙此道，他将迪奥香水瓶盖旋转阻尼调整至“恰到好处的奢侈感”，便能让产品成本仅增3%的产品溢价300%。这种“厚利炼金术”的底层逻辑，在于对人性需求的精准拿捏——当商品超越功能价值，成为身份图腾或情感寄托时，价格便不再是首要考虑的因素。

当我们把目光聚焦于商品特性和市场承受能力时，会发现合理定价至关重要。以面向富人的商品为例，若盲目采用薄利多销策略，不仅难以实现盈利目标，还可能让消费者对产品价值产生怀疑。犹太人在商业经营中，就深谙厚利适销的精髓。当他们将目标客户锁定为富人阶层时，他们会果断摒弃薄利多销，专注于厚利适销的生意。

他们的商业逻辑别具一格：与其费尽心思售卖三件商品获取微薄利润，不如精心经营，将一件商品以高价售出。这样做，不仅能大幅节省各类经营费用，还能有效维护市场的稳定性，为后续的销售奠定良好基础。反观低价多销，一旦市场迅速饱和，即便后续再有优质产品，也可能无人问津，利润大打折扣，还会破坏市场的发展潜力。

厚利适销策略的核心在于精准定位高消费能力的目标客户。富人阶层具备雄厚的经济实力，对价格的敏感度较低，更注重产品的品质与身份的匹配。在他们心中，“便宜无好货”的观念根深蒂固，低价商品反而会引发他们对产品质量和档次的怀疑。

精明的商家正是洞察了这一消费心理，巧妙运用厚利适销策略。例如，美国著名的梅西百货公司坐落于繁华市区，周边富人云集。基于此，梅西百货专注于经营名牌商品，在确保质量和信誉的前提下，其日用百货的定价往往比其他商店同类商品高出50%。即便如此，梅西百货的生意依旧火爆，这无疑是厚利适销策略成功应用的有力证明。

在复杂多变的商业环境中，创业者不应被传统的薄利多销思维束缚，而应深入研究市场和消费者心理，根据自身产品的特点，灵活选择定价策略。厚利适销策略为我们打开了一扇新的商业大门，只要运用得当，就能在特定市场中脱颖而出，实现商业价值的最大化。

无论是选择薄利多销还是厚利适销，都没有绝对的对错之分。它们就像两把不同的钥匙，各自开启着不同的财富之门。我们不能盲目地跟从某一种策略，而应该根据具体情况，灵活运用。

从一个产品开始，快速迭代

“伟大往往始于渺小”，这句话不仅适用于个人成长，也适用于商业世界。在互联网时代，许多改变世界的大企业，都是从一个不起眼的小产品开始的。这种“从小到大”的发展模式，本质上是一种资源优化配置的过程。

孙杰是一名电子工程师，平时喜欢研究。2023 年的一天，他在网上看到一篇关于“智能家居”的文章，深受启发。他想：为什么不从最简单的智能插座开始研发呢？

于是，他拿出 5 万元存款，开始研发一款可以远程控制的智能插座。这款智能插座的功能很简单：通过手机 App 就能开关电源。然而，在研发过程中，他遇到了一个大问题：成本太高了。

为了降低成本，他决定采用“开源硬件”的方式，利用已有的技术模块进行组装。同时，他还通过社交媒体招募了一批“极客”用户，邀请他们参与测试并提出改进建议。

经过 3 个月的开发和测试，第一款智能插座终于问世了。虽然功能简单，但成功吸引了第一批忠实用户。孙杰根据用户的反馈，持续优化产品的稳定性，提升用户体验。

1 个月后，这款智能插座的销量逐渐上升。孙杰发现，用户不仅满足于远程控制电源的功能，还希望有更多的智能化场景，如定时开关、电量统计等。于是，他开始逐步增加新的功能模块，并推出了智能灯泡、智能门锁等智能家居产品。如今，他的公司已经成为智能家居领域的一匹黑马。

这个案例揭示了产品快速迭代的几个核心逻辑：首先，要小而专注，不要试图一开始就做一个“全能型”的产品，而要专注于解决一个具体的问题；其次，要快速验证，即通过最小化的产品快速进入市场，验证市场需求和可行性；再次，根据用户的反馈不断改进产品，逐步增加新的功能模块；最后，在核心产品的基础上，逐步扩展到相关领域，形成完整的生态系统。

对于创业者而言，应如何运用这些逻辑，从一个小产品开始，快速迭代呢？有以下几个实操方法。

1. 针对“痛点”设计最小化的产品

“痛点”是用户在使用某种产品或服务时遇到的不便或困扰。比如，用户在使用传统插座时需要手动开关电源，用户在购买咖啡时需要排队等待，等等。挖掘类似痛点的方法有很多：注意上下班途中、购物时的体验；多留意社交媒体，如微博、豆瓣上的用户反馈；多和朋友、家人交流，知悉他们的日常困扰；等等。

一旦确定痛点，就可以设计“最小化的产品”（MVP），聚焦于解决该痛点。例如，针对“排队等待”的痛点设计在线预约系统，针对“手动开关电源”的痛点设计智能插座。

2. 利用“开源”和“众测”，降低开发成本

在开发一款产品时，善用已有的开源技术和模块化设计，能极大地节省时间与成本，避免重复工作。在这个过程中，有必要招募“种子用户”进行测试。创业者可以在社交媒体上发布招募帖，吸引那些对产品感兴趣的用户参与。为这些用户提供免费使用产品的机会，收集他们的意见和建议。这些来自真实用户的反馈，能帮助创业者精准定位产品的问题，及时优化，让产品更贴合市场需求，从而在降低开发成本的同时，实现产品的快速迭代。

3. 建立“反馈闭环”，持续优化

在产品上线后，要建立一个“反馈闭环”，持续收集用户的使用数据和反馈意见。同时，还要深入分析用户的使用习惯，如用户的活跃时间、使用频率、常用功能等。一旦掌握了这些信息，就要根据数据和反馈，对产品的功能和用户体验进行持续优化。

比如，用户频繁投诉某个功能过于复杂，操作难度大，这就表明这个功能给用户带来了困扰，创业者应果断简化操作流程，让功能更加简捷易用。相反，如果发现用户对某个功能情有独钟，使用频率很高，则可以投入更多精力，进一步扩展和完善这个功能。

通过这样的方式，不断在收集反馈、分析数据、优化产品之间循环往复，形成一个高效的反馈闭环，推动产品持续快速迭代，以更好地满足市场需求，在激烈的竞争中站稳脚跟。

4. 从“单一产品”到“生态系统”

在核心产品稳定后，可以逐步扩展到相关领域，形成一个完整的生态系统。以智能插座为例，在收获一定用户群体与市场认可后，顺势推出智能灯泡、智能门锁等产品，这些产品与智能插座紧密关联，共同服务智能家居场景。用户在体验智能插座带来的便捷后，出于对品牌的信任与对智能化生活的追求，很可能会选择同品牌的其他智能产品。

通过这种从“单一产品”到“生态系统”的拓展方式，创业者能够从一个小产品出发，逐步渗透到更大的市场领域，在不断满足用户多样化需求的过程中，建立起强大的品牌影响力。

综上所述，从一个小产品开始，快速迭代的商业模式是一种非常适合个人创富的方式。通过从一个小产品切入市场，创业者可以最大限度地降低初始投入风险，同时可快速验证市场需求，找到适合自己的商业模式。

大干之前，先想着“活下来”

创业的本质不是追求速度和规模，而是深度洞察市场需求，创造独特价值。在创业浪潮中，许多人误将快速扩张与规模增长当作成功的捷径，却忽略了根基的稳固。在商业世界中，失败的原因五花八门：市场需求不足、资金链断裂、竞争过于激烈……但这些失败都可以归结为一个原因，那就是缺乏先“活下去”的意识，以及为“活下去”所做的准备。

从经济学的角度来看，任何商业模式的核心目标都是实现现金流的正向循环。只有保证了基本的生存需求，才有可能去追求更大的发展。换句话说，“活下去”才是创业的第一性原理。

几年前，外卖市场竞争异常激烈。一些外卖平台为了快速抢占市场份额，采取了“烧钱补贴”的策略来吸引用户下单。然而，这种“疯狂撒钱”的模式很快暴露出问题：用户只为了补贴而来，下单频率极低；平台的亏损额不断扩大，资金链濒临断裂。有些平台不堪重负，陆续退出市场。

从供需理论来看，补贴虽然在短期内刺激了需求，吸引了大量用户，但这种需求是虚假的、不可持续的。一旦补贴停止，用户便迅速流失，这说明平台并没有真正挖掘到消费者的核心需求。

尤其是对于初创公司，忽视现金流正向循环的商业模式，犹如在沙滩上建楼，根基不稳，极易崩塌。无论你的商业模式多么厉害、愿景多么宏大，如果不能保证基本的生存需求，一切都是空谈。不论是什么样的公司，要想在竞争激烈的市场存活，都必须遵循一些商业法则。

法则一：现金流高于一切。

建立“现金流思维”，远离“烧钱陷阱”。现金流是企业的生命线，在创业初期，一定要把保证现金流放在第一位。比如，能赊账的尽量赊账，能分期付款的尽量分期付款。在与供应商合作时，充分沟通协商，争取更有利的付款条件，将资金尽可能长时间地留在自己手中，增强资金的流动性。

再如，要加快应收账款的回收速度。建立完善的客户信用评估体系，对信用状况良好的客户给予一定优惠，鼓励其提前付款；对于逾期未付款的客户，及时采取有效措施进行催收，确保资金及时回流。

另外，尽量采用“按需采购”的方式，减少库存积压。精准预测市场需求，尽可能地根据实际订单量进行采购，避免因库存过多而占用大量资金，同时降低库存贬值和损耗的风险。

法则二：持续降低试错成本。

初创公司资源有限，每一次试错都可能消耗大量的人力、物力和财力。因此，要建立快速反馈机制，及时发现问题并调整策略。可以采用最小可行产品（MVP）的方式，先推出一个简单版本的产品或服务，收集用户反馈，根据反馈进行优化和改进，避免因在产品开发上投入过多资源而导致失败。同时，在决策过程中充分调研和分析，借鉴同行的成功经验和失败教训，降低决策失误的风险。

法则三：不断提升客户留存率。

获取新客户的成本往往是维护老客户的数倍，所以提高客户留存率对企业的生存和发展至关重要。提供优质的客户服务，及时解决客户的问题和投诉，让其感受到关怀和重视。建立客户忠诚度计划，如积分兑换、会员专属优惠等，增加客户的黏性和复购率。定期与客户进行沟通和互动，了解他们的需求变化，根据他们的需求不断优化产品和服务，保持其对企业的关注度和认可度。

法则四：构建反脆弱的组织。

市场环境充满不确定性，初创公司要具备应对各种风险和挑战的能力。打造多元化团队，成员要具备不同的专业技能和背景，能够从多个角度思考问题，提出创新解决方案。建立灵活的组织架构，便于快速响应市场变化和调整业务方向。培养员工的危机意识和应变能力，定期进行培训和演练，让团队在面对突发情况时能够迅速做出反应，保障企业的正常运营。

上述这些商业法则绝非孤立的教条，而是紧密交织的生存秘籍。初创公司要在复杂的市场实现从蹒跚学步到稳健奔跑的蜕变，必须深度理解并灵活运用这些法则，并将这些法则有机融入企业的每一次决策、每一个行动中。

只要做到 10 倍好，就能避免竞争

在竞争激烈的市场中，多数创业者都陷入了一个误区：他们总是盯着竞争对手的一举一动，试图通过降价、促销等方式抢夺市场份额。然而，这种“价格战”式的竞争不仅无法带来持久的成功，反而会让企业陷入“利润稀释”的恶性循环。

在商业上，真正的成功是避免在红海中厮杀，且能开辟出一片蓝海——让产品与服务远超用户的预期。如此，便可摆脱零和博弈，在全新的维度上构建自己的商业生态，让竞争对手难以望其项背。在拥挤的红海中，众多企业为了有限的市场份额，往往陷入同质化竞争的泥沼，不断压缩利润空间，难以获得真正的成长与突破。

张经理是一家电子公司的工程师，平时，他喜欢研究各种生活用品的设计细节。一天，他在咖啡馆里看到一位女孩因为手机没电而焦虑不安，于是萌生了一个想法：为什么不设计一款既实用又好看的充电宝呢？

当时，市面上的充电宝大多功能单一、外观普通，无法满足年轻人对“颜值”的追求。在竞争激烈的充电宝市场，多数产品都在价格和基本功能上打转，陷入了同质化竞争的泥沼。张经理却敏锐地意识到，只要产品做得足够好，就能从根本上避免竞争，开辟出一片蓝海。于是，他果断决定从“充电宝”这个小众领域切入市场。

他先是进行了大量的用户调研。比如：

用户最在意的是什么？答案是“便携性”和“颜值”。

用户最痛恨的是什么？答案是“充电慢”和“外观土”。

基于调研结果，张经理设计了一款充电宝产品：在外观设计方面，采用轻薄金属材质，搭配多种时尚配色；在功能优化方面，支持双向快充；在附加价值方面，内置LED显示屏，实时显示电量和充电状态。

这款充电宝一经推出，好评如潮。用户们纷纷表示：“这不仅是一个充电宝，更是一件随身携带的艺术品。”它以远超同类产品的设计、功能和体验，成功避开激烈的价格竞争，迅速赢得市场份额。

把产品或服务做到“10倍好”，并不是一个遥不可及的目标，它只需要创业者具备打破常规的勇气与创新思维，敢于对传统的商业模式说“不”。具体来说，就是要把握好以下三个关键点。

1. 在核心价值上做到极致

明确产品或服务的核心价值，是企业在市场中找准定位、塑造独特竞争力的关键一步。这一核心价值，是企业传递给目标客户群体的核心诉求，是产品或服务存在的根本意义，也是企业与消费者建立深度连接的基石。在确定产品或服务的核心价值后，要不遗余力地将其做到远超同行的水平。

以餐饮行业为例，如果将菜品口味作为核心价值，那么在食材选择和烹饪工艺上就需要投入大量精力，努力提高菜品口味。此外，不断研发新菜品，满足消费者日益多样化的口味需求，也是保持竞争力的重要手段。例如，海底捞，除了以优质的服务而闻名，其在菜品研发上也不遗余力，定期推出新的锅底和特色菜品，吸引了大量顾客。

2. 注重细节和用户体验

细节决定成败。一个小小的细节改进，可能就会给用户带来截然不同的感受，进而影响他们对企业的评价和忠诚度。从产品的包装设计、使用说明到售后服务的每一个环节，都蕴含着提升用户体验的机会。比如，一些美妆品牌采用简约而精致的包装，不仅保护了产品，还成为消费者拍照分享的对象。

同时，通过提供快速、贴心的售后服务，及时解决用户的问题和投诉，可以增强用户的满意度。当用户在购物过程中遇到问题时，企业能够迅速响应，提供有效的解决方案，用户就会对该企业产生好感和信任。

3. 建立独特的品牌认知

在产品设计完成后，企业还需要通过品牌建设，让用户将产品与某个独特的价值点联系在一起。这不仅有助于提升品牌知名度，还能有效避免与竞争对手的直接竞争。

如果企业的产品定位是“充电宝界的艺术品”，那么在宣传中就应突出其时尚设计和高端质感。通过社交媒体、时尚杂志等渠道展示产品的独特外观和精致工艺，可以吸引追求时尚和品质的消费者。

如果企业的服务定位是“外卖界的五星体验”，则可以在宣传中突出其高效配送和优质餐品。通过与优质餐厅合作，确保餐品的品质，同时优化配送流程，提高配送效率。

“做到 10 倍好”这一理念，远远超越了普通商业模式的范畴，已然升华为一种极具前瞻性与颠覆性的思维方式。它们不再将竞争对手视为行动的参照系，而是将全部的注意力聚焦于用户需求的深度挖掘与精准满足，并重新定义产品或服务的价值。如此，创业者就不会被竞争者牵着鼻子走，从而从根本上摆脱同质化竞争。

第六章

持续寻找，并快速与新客户成交

商业的车轮永不停歇，寻找新客户与促成交易是推动这辆马车前行的双轮。在市场这片广袤的田野上，每一个潜在客户都是等待挖掘的宝藏，而快速成交则是打开宝藏的关键步骤。

不只会销售，还要做“客户关系大师”

从某种程度上说，销售的核心不是卖出产品，而是建立信任。之所以这么说，是因为在竞争激烈的市场中，真正能让人持续创富的不是一次性的交易，而是与客户之间建立的长期关系。

从商业的底层逻辑来看，客户关系是一种能够产生长期价值的资产。在经济学中，有个概念叫“客户生命周期价值”，它指的是企业从一个客户的首次购买开始，到该客户可能不再与企业发生交易为止，这整个时间段内企业从这个客户身上所获得的全部经济收益的总和。维护好客户关系，能够有效延长客户的生命周期，增加每个客户带来的价值。

客户关系是一种“隐形资产”。一个优秀的创业者，不是靠花言巧语说服客户买单的，而是通过持续的价值传递，让客户主动成为自己的忠实拥护者。换句话说，玩转客户关系的核心在于“经营信任”。当你能够赢得客户的信任时，他们不仅会主动购买你的产品或服务，还会为你推荐更多潜在客户，从而形成一个良性循环。

乔·吉拉德被誉为“世界上最伟大的推销员”，曾连续12年荣登吉尼斯世界纪录大全世界销售第一的宝座，他所保持的世界汽车销售纪录——连续12年平均每天销售6辆汽车，至今无人能破。

乔·吉拉德成功的秘诀就在于他对客户关系的极致把握。他非常注重与客户建立深厚的情感连接。每一位光顾他汽车店的客户，都会感受到他发自内心的热情与关注。他会详细地记录客户的各种信息，包括家庭情况、兴趣爱好、生日等。在客户生日时，他会送上温馨的祝福和精心准备的小礼物；在节假日，他会给客户寄去饱含关怀的贺卡。

有一次，一位客户随口提到自己儿子喜欢某支棒球队。乔·吉拉德默默记在心里，之后专门弄到了该球队比赛的门票送给客户。这份用心让客户深受感动，不仅自己成为乔·吉拉德的忠实客户，还介绍了许多亲朋好友来买车。

乔·吉拉德深知，每一位客户背后都可能隐藏着一群潜在客户，通过用心经营与每一位客户的关系，他构建起一个庞大且稳固的客户网络，源源不断地为他带来生意。

由此可见，玩转客户关系并非高深莫测的技巧，而是一系列真诚且持续的行动。创业者应从中汲取经验，摒弃短期逐利的心态，把客户关系当作长期投资。这意味着，在与客户打交道时，不仅要关注产品的销售，更要着眼于客户的全生命周期，从售前咨询、售中服务到售后维护，每一个环节都精心打磨，确保客户在与企业的每一次互动中都能感受到温暖。具体来说，要注意以下几个细节。

1. 学会真诚倾听

当与客户交流时，不要急于介绍产品或服务，而应先静下心来，认真倾听他们的需求、困惑和期望。这就好比医生看病，只有先了解病人的症状，才能准确诊断并开出有效的药方。在倾听过程中，用眼神交流、点头等方式给予客户回应，让他们感受到专注和尊重。

2. 建立详细的客户档案

要认真记录客户的各种信息，包括基本资料、购买历史、偏好等。利用现代的客户关系管理（CRM）工具，能够更方便地对这些信息进行整理和分析。通过分析客户购买历史，可以了解客户的消费习惯和频次，从而在合适的时机为其推荐符合需求的产品或服务。

3. 提供超出预期的服务

这是赢得客户的关键一招。在激烈的竞争中，只有让客户感受到惊喜，他们才会对你印象深刻，并加深长期合作的意向。比如，一家外卖店在客户下单后，不仅按时送达美味的餐食，还额外送上一份自制的小甜品，并附上温馨的感谢纸条。这种小小的举动，让客户觉得自己得到了特别的对待，自然就会增加对这家店的好感和再次下单的可能性。

4. 利用好社交媒体

如今，社交媒体已经成为人们生活中不可或缺的一部分，可以借此与客户保持密切互动。在社交平台上分享有价值的内容，如行业知识、生活小贴士等，吸引客户的关注。同时，积极回复客户的评论和私信，参与他们的话题讨论。

5. 邀请客户参与一些活动

可以邀请客户参加一些活动。活动形式可以多种多样，如产品体验会、主题讲座、客户聚会等。通过这些活动，为客户提供一个交流和互动的平台，让他们更好地了解产品或服务，同时也能增进彼此之间的感情。

6. 重视客户反馈

无论客户的反馈是正面的还是负面的，都要认真对待。正面反馈是对自身工作的肯定，而负面反馈则是改进的方向，都有积极的意义。要及时回复客户的反馈，向他们表明自己对其反馈的重视，并采取实际行动解决问题。

做客户关系大师并不需要高深的学问，关键在于秉持真诚与耐心。从现在起，请放下对“快速成交”的执念，多留意那些能够真正赢得客户信任的行为细节，并付出相应行动。

设计一套“成交闭环”系统

不少人都有过这样的经历：明明客户对你的产品感兴趣，但到了“付款”这一步，对方突然消失；或者成交了一单后，客户就像断线的风筝，再也找不到踪迹。这背后的症结往往是缺少一套“成交闭环系统”，就像自行车上的链条，少了任何一个零件，再好的车也跑不起来。

在商业活动中，要想快速拿下订单，并让客户主动成为你的“推销员”，就必须有一套稳定且行之有效的成交系统。因为营销学中的“转化漏斗原理”早已给出答案：客户从第一次接触你的品牌到最终付费（甚至多次复购），必须经历触达、吸引、信任、成交、裂变五大环节。闭环系统的威力在于，它能让这些环节像齿轮一样精准咬合，让每一个动作都为最终目标服务。

晓琳是一位独立插画师，2024年，她在小红书上火了。她既没有团队，也不靠买流量，单枪匹马实现了月入10万元的创富神话。她成功的关键，正是一套精心设计的成交闭环系统。

第一环：触达阶段——用“钩子”撬动精准流量。

她在小红书上发布《×××拯救你的店铺颜值》系列笔记，展示插画作品并拆解店面色彩搭配逻辑，精准吸引有装修需求的商家，评论区大量潜在客户询问价格。

第二环：转化阶段——设计“无痛成交”的按钮。

面对询价客户，她不直接报价，而是推出99元“新手礼包”，包含3张定制插画草图和1份定位报告。这种营销策略的核心逻辑是先用低价产品吸引客户，降低其决策压力，然后层层递进，逐步引导客户购买更高价格的套餐。

第三环：裂变阶段——用客户的嘴替自己说话。

作品落地后，她先为咖啡馆设计宫崎骏动画主题插画，吸引粉丝打卡，再将案例整合成视频传播。她做了很多类似的事情，如今50%的客户来自老客户推荐，各环节紧密相连，形成了滚雪球式的传播效应。

晓琳设计完成闭环的关键在于：每个环节都在为下一环埋“伏笔”——客户付款时同步锁定下次合作，服务结束后触发口碑传播。

在创富之路上，每个人都有自己独特的剧本，成交闭环系统就是那个让故事持续精彩的导演。从设计第一条引流内容开始，到见证客户自发传播价值，整个过程本身就是一场充满魔力的商业艺术。

不论做什么生意或项目，在设计符合自身特点的闭环成交系统时，都需要把握五个环节。

1. 找到自己的“撒网坐标”

不是每个平台都能让你收获满满，这里有个简单的公式帮你判断哪个平台更适合你：高转化渠道 = 客户集中度 × 内容适配度 ÷ 竞争强度。客户集中度是指这个平台上你的目标客户多不多；内容适配度是指你的产品宣传内容，在这个平台上好不好展示、合不合适；竞争强度是指平台上和你抢客户的同行多不多、竞争压力大不大。

比如，家居设计师在抖音做直播转化率可能不到1%，但转战一些行业App，成交率可能飙升至5%，后者聚集了大量精准的装修人群，且内容展示形式更贴合业务特性。

2. 设计“欲罢不能”的初体验

扔掉传统的“免费试用”，转而打造沉浸式、个性化的初体验。传统的免费试用往往流于形式，难以真正触动用户。可以依据用户过往的行为数据和偏好，为其定制专属体验内容。

比如：美妆品牌利用 AR 技术让用户在线虚拟试妆，精准匹配适合的色号和妆容风格，所见即所得；软件服务则为新用户提供限时的核心功能深度体验，引导其一步步挖掘产品价值，而非仅开放基础功能。这种定制化初体验，能迅速抓住用户的眼球，激发他们探索更多的欲望，让用户从一开始就深深沉浸其中，难以割舍。

3. 打造“拒绝不了的成交场”

这一步要从多个方面发力。首先，利用限时优惠策略，制造紧迫感，如“24 小时内下单立减 50 元”，激发用户的购买冲动。其次，塑造稀缺性，如设定限量版商品、专属名额，让用户觉得错过可惜。最后，提供全方位的价值展示，不仅展示产品本身的功能优势，还分享使用后的生活改善场景，如健身课程可展示学员的蜕变成果。

此外，简化购买流程，减少烦琐步骤，一键下单、快速支付，消除用户的决策阻碍，让用户在这样的氛围中难以抗拒，果断成交。

4. 植入“自动裂变基因”

为用户提供有吸引力的分享奖励，是激发裂变的有效方式。比如，推荐新用户成功下单，推荐者与被推荐者均可获得优惠券或积分，积分能兑换实用礼品或服务。同时，利用社交平台的便捷性，设计易于分享的内容，如趣味测试、知识干货等，鼓励用户一键分享到微信、微博等平台。总之，要让优质的产品或服务成为天然的传播点，吸引更多潜在用户加入，形成自动裂变的良性循环。

5. 用“数据罗盘”校准方向

通过多渠道收集数据，涵盖用户行为数据、销售数据、市场反馈数据等，全方位了解业务现状。运用数据分析工具，深入挖掘数据背后的规律和趋势，如分析用户购买路径，找出转化率低的环节。又如，某产品销量下滑，可探索改进方案或调整产品定位，让数据引导决策，确保业务始终朝着正确方向前行。

很多人把成交闭环误解为一套固定流程，但实际上，闭环不是死的链条，而是像旋转的陀螺一样，在动态调整中保持着平衡，在每个环节都留下了“优化接口”。

成为谈判高手，掌控主动权

从菜市场买土豆时的讨价还价，到签下百万元订单时的条款博弈，每个人都处于谈判中，而创富者的财富差距，往往在谈判桌的对话间隙拉开。就像超市货架上的“买一赠一”促销，表面是让利，实则是利用心理学锚定效应让你掏腰包——这就是谈判的魔法。

经济学家托马斯·谢林说：“谈判的本质是博弈双方在威胁与承诺的动态平衡中重新分配价值。”从这个角度上看，商业竞争中，一方拿不到的利润，一定是被谈判的另一方拿走了。

刘文是一位年轻的创业者，他用一套另类的谈判公式，创下了3年营收破亿元的奇迹。他想代理国外某款咖啡机的中国区销售权，而品牌方的中国区负责人开出了天价授权费——500万元签约费+40%的利润分成。

谈判当天，刘文提前准备了“三步暗桩”：一是埋设信息锚点。他故意遗留一份市调报告，里面写满该品牌在东南亚市场的销售困境。二是创造认知缺口。当对方提出分成比例时，他低头翻出手机相册——全是竞争对手品牌的营销活动照片。三是进行心理施压。对方在追问合作意向时，他盯着窗外足足沉默30秒，然后突然说：“如果按贵方的条款，我们需要仔细审查一下对我们公司的长远利益是否有足够的保障。”

结果，那场谈判最终敲定的条款是：零签约费＋利润分成降至25%。而支撑这番操作的，是他预判品牌方正面临库存积压和渠道老化的双重危机——所有数据都来自他耗时一个月暗中调查的信息。

由此可见，谈判不是辩论赛，更像是一场情报战。那如何打好这场攻坚战呢？关键四招帮你拿回谈判主动权。

第一招：用“三维信息雷达”预判底牌。

在谈判前，务必全方位搜集信息，构建“三维信息雷达”。从横向来看，了解对方公司的业务范围、市场地位、近期的重大项目与战略布局，知晓其在行业中的优劣势。这些信息能帮你预估对方在谈判中的基本诉求。纵向深挖对方过往的谈判案例，研究其惯用策略、底线与妥协点，以史为鉴，判断此次谈判的可能走向。

同时，关注与谈判议题相关的宏观环境，如政策法规变化、市场动态波动等，这些外部因素会极大地影响对方的谈判立场。掌握这些信息后，你便能大致预判对方的底牌，提前规划应对策略。

第二招：设计“降落伞问题”一探虚实。

在谈判过程中，抛出“降落伞问题”是探清对方虚实的有效手段。所谓“降落伞问题”，是指那些看似无关紧要，实则能引发对方深入思考并透露关键信息的问题。比如，在商业合作谈判中，你可以问：“假设我们合作后，市场突然出现不可预见的危机，你认为我们该如何保障合作项目的基本运营？”这个问题看似在探讨未来风险，实则能让你了解对方对合作的投入程度、风险承受能力以及应急规划，从而判断对方在核心利益上的坚持程度。

第三招：启动“斯芬克斯微笑”。

古希腊神话中的狮身人面兽总用微笑让旅人心神迷乱。在谈判中，“斯芬克斯微笑”并非代表单纯的面部表情，而多喻指一种心理战术。当对方提出观点或条件时，不要急于回应，应保持神秘莫测的微笑，稍作停顿。这短暂的沉默与微笑会给对方带来心理压力，使其开始怀疑自己的表述是否恰当，从而不自觉地补充信息或解释说明。在这个过程中，能获取更多有效信息，也能让自己在思考如何回应时占据主动，避免冲动之下做出不利于自己的决策。

第四招：制造“非对称对比”。

在谈判陷入僵局或需要突出自身优势时，制造“非对称对比”。比如，在就价格谈判时，不要只聚焦于价格数字本身，而应将产品或服务的价值与价格进行对比。可以先列举其他竞争对手产品的劣势，再详细阐述自己产品的独特优势，如更高的品质、更完善的售后服务、更前沿的技术等。通过这种非对称对比，对方清晰地认识到选择你的方案所带来的价值远超价格差异，从而利于打破僵局，促使对方在价格或其他关键条款上做出让步。

谈判不是简单的讨价还价，也不是零和博弈，而是用信息、心理和规则重塑价值版图的语言艺术——谈判桌上的每一句对话都是财富的刻度线，衡量着双方利益的增减。所以，真正的高手永远不会陷入零和思维的陷阱，而是会在对立的利益之间找到平衡点和更好的解决方案。

制造紧迫感，让客户立刻拍板

在谈订单时，我们经常会遇到这样的情况：好不容易说服了客户，对方也对产品或服务表示了兴趣，但就是迟迟不肯下单，总是说“我再考虑考虑”“下个月再说吧”。眼看着煮熟的鸭子就要飞了，着实让人着急！

面对这种情况，该怎么办呢？很关键的一招，就是制造紧迫感。

紧迫感，简单来说，就是让对方觉得“现在不买，可能就要吃亏了”。这种感觉可以激发他们的行动力，促使其尽快做出决定。

紧迫感就像一个加速器，有助于缩短成交周期，提高成交率。试想，如果能让客户觉得你的产品或服务非常抢手，或者优惠活动马上就要结束了，他们是不是更有可能立刻下单呢？

来看一个销售场景：

小张：“林总，您好！之前给您介绍的咱们这款顶级配置的空气净化器，您考虑得怎么样啦？功能各方面还有外观，都符合您的需求吧？”

林总：“小张啊，这净化器看着确实不错，功能也挺强大的，就是这价格，还是有点超出我的预算了，我再琢磨琢磨吧。”

小张：“林总，您看，这价格虽然听上去有点高，可您想想它能给您和家人带来的健康保障，这可是花多少钱都买不来的！而且您这样的成功人士，肯定更注重生活品质……”

林总：“话是这么说，现在生意也不好做，能省一点是一点嘛。”

小张：“林总，我特别理解您。但这次优惠活动真的是力度空前，马上就要截止了。错过这次，下次再想有这么划算的价格，还不知道要等到什么时候呢，而且现在的空气质量越来越差，早一天用上，家人就能早一天享受清新空气，您说是不是这个道理？”

林总：“行吧，那我考虑考虑，有需要再联系你。”

小张：“好嘞，您要是有任何问题，随时给我打电话，我24小时待命，就盼着能帮您把这么好的产品带回家呢！”

在上述场景中，销售员的话术存在一些明显的问题。比如，虽提到优惠活动即将截止，但没有具体说明截止时间，也未阐述错过优惠后价格会有怎样的变化，紧迫感不够强烈，难以真正促使客户快速决策。

另外，客户最后说考虑考虑，销售员没有给出后续跟进的计划，如什么时候再联系客户，也没有提供更多能辅助客户决策的信息，如客户案例、产品评测报告等。

在销售中，给对方制造紧迫感不是简单地喊喊口号或虚张声势，而是一门需要精准把握时机与心理的艺术。具体来说，应把握好以下一些实战技巧：

1. 数量有限，先到先得

当产品数量有限或具有稀缺属性时，这一技巧尤为适用。比如，限量版的潮流单品、珍稀材质制作的工艺品等。在向客户传递时，要突出产品的稀缺性与不可复制性，例如：“这款限量版手表全球仅发行500块，目前我们店里只剩下最后3块，它设计独特与工艺精湛，错过这次，可能再难拥有。”“这个高端定制的家居系列能为您的家打造独一无二的格调，每个款式仅制作10套，目前已经被预订了大半，仅剩了几套。"

2. 限时优惠，过时不候

在促销活动、新品上市期间，时间限制是制造紧迫感的有力武器。明确告知客户优惠的起止时间，以及错过优惠后的价格差异，让客户清晰认识到当下购买的高性价比。比如，"本次双十一狂欢，全场五折优惠仅持续48小时，截止到后天凌晨，错过就要恢复原价，请抓住入手的最佳时机。"又如，"新品首发，前50名下单的客户，不仅能享受八折优惠，还额外赠送价值不菲的周边产品，先到先得，手慢无。"

3. 独特机会，不容错过

对于提供独特价值的产品或服务，强调机会的难得性。例如，针对企业的战略咨询服务，可以说："这次的合作机会极为难得，我们的专家团队曾助力多家同行业企业实现业绩翻倍增长，通过这次合作，您将获得专属的市场拓展策略，快速抢占市场高地。"如果推广专业培训课程，就说："这个课程由行业内泰斗级专家亲自授课，融入了最新的行业案例与前沿知识，这样的学习机会一年仅有一次，是您提升专业能力的绝佳契机。"

4. 损失规避，防患未然

面对客户对现有状况不满却又惧怕改变的情况，可以从规避损失的角度出发。以企业办公软件升级为例，可以说："如果您不及时升级办公软件，可能会面临数据安全风险，且现有软件在处理复杂业务时效率低下，会让您的工作进度滞后，而竞争对手早已升级，正抢占更多市场份额。"针对个人健康管理，可以说："如果您继续维持现有的生活习惯，不借助我们的专业健康管理方案，未来可能会面临更高的患病风险和医疗成本。"

紧迫感是一种强大的销售技巧，可以帮助你加速成交。要成功运用这些技巧，需深入了解客户的需求与痛点，精准把握时机，用真诚且有说服力的方式传达信息，避免过度营销引发客户的反感。

正确“吸粉”，引爆你的客户池

2024 年的一天，一位卖手工蜡烛的宝妈在某短视频平台发了一条视频，视频中她哭诉道：“为什么我拍了 100 条视频，粉丝连 2000 都破不了？”3 天后，这条抱怨视频竟然被点击了几万次。其间，一位营销大神在评论区回复道：“你错把大海当成客户池，却忘了你的鱼只在珊瑚礁产卵。”

这条评论道出了商业界的一个真相：在注意力稀缺的时代，吸粉不是广撒网，而是用磁铁吸铁屑。经济学家赫伯特·西蒙早就预言过：“信息的丰富将造就注意力的贫乏。”当你懂得把用户稀缺的注意力转化成“精准粉丝流”，就像在沙漠中铺设输水管道——只要开闸，财富便会源源而来。

赵姐在一家菜市场经营着一个摊位。她连智能手机都用不利索，硬是靠一条破旧黑板，把白菜萝卜卖成北上广深白领的“都市疗愈品”。她的“绝杀三板斧”，完美演绎了什么叫“狙击式吸粉”：

第一步：用原始场景击穿人设滤镜。当各路博主忙着把菜摊拍成 Ins 风时，赵姐的黑板上永远歪歪扭扭写着：“今儿芹菜有水灵劲儿”“黄瓜带刺儿挺扎手”。她用老年机拍的视频里，葱叶子上的泥点、塑料袋摩擦的沙沙声全部保留。

第二步：把缺点变成社交货币。有网友吐槽她用报纸包菜土气，她转头推出“盲盒菜包”——用旧报纸包香菜，用一些旧书刊裹青椒，还附带手写段子：“吃党报包的菜，做根正苗红的干饭人。”这些缺点包装成的“梗”，让她的视频播放量飙升500%。

第三步：用仪式感转化私域资产。每卖出一单，赵姐都会塞张手绘卡片，同时说：“这是今早5点摸黑摘的番茄，凉拌时记得放半勺白糖。”收到菜的年轻人自发成立“赵姐夸夸群”，每天晒出卡片语录。

一年后，赵姐的菜摊微信群裂变出100个，复购率82%。与其说他们在买菜，不如说是为赵姐打造的“人间真实感”买单。

许多成功的案例都证明，吸粉不能靠运气，其底层逻辑是价值共振。所谓价值共振，即创作者所传递的价值观、内容价值与目标受众内心深处的需求、喜好和信仰高度契合，从而引发强烈的情感共鸣和认同，促使受众主动关注并成为粉丝。

从内容创作角度来看，当创作者能够精准洞察目标受众的痛点、需求和渴望时，就能创作出直击人心的内容。比如，一位专注于分享职场晋升经验的博主，深入了解职场新人面临的工作压力、人际关系处理难题以及对快速成长的迫切期望，通过分享实用的工作技巧、职场人际攻略和自身的逆袭故事，与职场新人实现价值共振。这些内容对于职场新人来说，就像黑暗中的明灯，给他们提供了切实的帮助和鼓励，让他们看到了自己的影子，找到了前进的方向。自然而然地，他们就会被吸引并关注博主。

在营销推广方面，品牌想要吸粉同样需要遵循价值共振原则。以环保品牌为例，随着人们环保意识的不断提高，该品牌将可持续发展、绿色生活的理念融入产品设计、生产和宣传中，从使用可降解材料包装到推广绿色生活方式，与注重环保的消费者在价值观上达成一致。消费者在购买和使用该品牌产品的过程中，不仅满足了自身对产品功能的需求，还践行了自己的环保理念，由此获得了一种价值认同感，从而成为品牌的忠实粉丝，不仅自己持续购买，还会主动向他人推荐。

所以说，要正确持续“吸粉”，就不要试图去塑造高高在上的偶像形象，展示完美人设，而要做他们的“镜像”，精准映照出他们的生活、情感、困惑与梦想，如此，才能实现与用户的真实连接。

异议是成交的加密信号

营销高手都深谙一个秘密：客户产生异议的瞬间，恰恰是成交的最佳切入点。在商业心理学中，异议的本质是客户未被满足的价值期待与风险焦虑的混合体。若异议处理得当，往往能成为建立信任、挖掘需求的关键。所以，异议并非销售的终点，而是深入沟通、挖掘潜在契合点的绝佳起点。正所谓“嫌货才是买货人，咬牙跟你砍价的，都是带着银行卡来的人”。

在远程办公日益普及的当下，视频会议设备的市场需求持续攀升。某科技公司顺势推出一款功能多样的高清视频会议一体机，旨在为企业远程会议提供有力支持。陈先生作为一家小型创意设计公司的负责人，在了解这款产品后，却认为它并不适合自己的公司。原来，陈先生的设计团队在与客户进行视频沟通时，需要实时手绘草图进行展示，而该一体机并没有针对手绘展示进行优化。

面对客户的反馈，销售人员并没有急于辩解，而是耐心地询问陈先生团队的工作流程和细节。经过深入交流，销售人员得知设计师们日常使用数位板进行手绘，但现有的软件在传输手绘内容时，会出现画面延迟和清晰度欠佳的问题。这一关键信息让销售人员找到了突破口，他向陈先生解释道：“虽然这款视频会议一体机本身没有预设专门的手绘展示功能，不过它具备出色的拓展性和兼容性。

我们只需连接一款特定的信号转换设备，再对手绘传输的视频会议软件进行参数优化，就能实现数位板手绘内容的顺畅、高清传输。不仅如此，一体机配备的高清摄像头和优质麦克风，在展示手绘内容的同时，还能清晰捕捉设计师的画面和讲解声音，为客户带来沉浸式的沟通体验。”

为了让陈先生更直观地感受，销售人员现场进行了操作演示，展示了整个解决方案的具体实施过程。随后，销售人员还详细介绍了一体机的智能降噪、多人画面同屏显示等功能优势。最终，陈先生对产品表示认可，完成了购买，并对销售人员的专业服务给予高度评价。

在销售场景中，客户一旦声称产品不符合自身需求，往往是因为他们对产品的认知还停留在表面，或者销售人员没有充分了解客户的独特需求。这时，销售人员要学会理性并化解对方的异议。

1. 认真倾听：用沉默的容器承接情绪

当客户表达异议时，往往夹杂着失望、困惑，甚至是愤怒的情绪。此时，急于辩解或推销只会火上浇油。最有效的做法是，做一个耐心的倾听者，用眼神交流、点头回应等非语言信号，表明你正在认真倾听。不要打断客户的发言，让他们充分表达自己的观点和感受。

等对方说完后，可以这样回应：“我理解您觉得系统复杂，能否请您详细说说，具体是哪些方面让您感到困扰？”这种开放式的问题，能够引导客户进一步阐述自己的需求，为接下来的分析和应对提供依据。

2. 价值翻译：将反对意见转化为需求清单

客户的反对意见背后，往往隐藏着尚未被满足的需求。销售人员需要具备敏锐的洞察力，将客户的异议转化为清晰的需求清单。

假设客户说："你们这个软件功能太复杂了，我根本用不上这么多。"这时，销售人员可这样回应："我明白您觉得功能复杂，这说明您希望软件操作更加便捷、高效。那您可以和我讲讲，在日常使用中，您最常用的功能有哪些，或者您希望软件具备什么样的功能来更好地服务您的工作。"通过这样的引导，把客户对功能复杂的异议转化为对软件功能需求的探讨，从而更有针对性地解决问题。

3. 证据织网：用三维锚点构建信任矩阵

为了消除客户的疑虑，使其相信产品的价值，销售人员需要用丰富的证据构建一个坚实的信任矩阵。这个矩阵可以从产品质量、用户口碑、成功案例三个维度展开。当客户对产品质量存疑时，销售人员可以展示产品的质量检测报告、权威认证证书；在用户口碑方面，分享一些老客户的好评截图、视频推荐；在讲述成功案例时，详细阐述与该客户情况类似的企业使用产品后取得的显著成果。

4. 选项重构：在预设的战场外开辟新大陆

如果客户坚持认为产品不符合需求，销售人员不要局限于对现有产品方案的反复解释，而是尝试从新的角度出发，提供不同的选项。比如，客户觉得现有的产品套餐价格过高，超出预算。销售人员可以提出："我理解您对价格比较敏感，我们还有一个经济实惠版的套餐……您看哪种方案更适合您呢？"通过提供新的选项，打破客户原有的认知局限，将其从"买不买"的二元选择，引导至"要哪种特权"的优选模式。

优秀的销售人员不仅善于解决客户提出的异议，更懂得提前预防异议的产生。在介绍产品之前，销售人员可以先对可能出现的异议进行预判，并提前给出解决方案。即在客户心中提前种下"认知疫苗"，降低客户提出异议的可能性，即使客户提出异议，也能因为提前知晓解决方案而更容易接受。

打造超级 IP，让客户不请自来

如今，营销方式日新月异，但万变不离其宗的是谁能抓住用户的注意力，谁就能赢得市场。而打造超级 IP，正是吸引用户目光、建立品牌忠诚度的有效途径，它不仅是企业营销的利器，也是个人创富的强大引擎。

什么是超级 IP？它不仅是一个名字、一个形象，更是一种价值观、一种生活方式、一种情感连接。它能够引发用户的共鸣，使其产生认同感和归属感，从而自愿地传播你的品牌、购买你的产品，甚至成为你的忠实粉丝。

打造超级 IP，并非一蹴而就，它需要长期的积累和精心的运营。但只要掌握了正确的方法，即使是个人，也能打造出属于自己的超级 IP，实现个人创富的梦想。

董宇辉从一名新东方教师转型为爆火的直播带货主播，打造出极具影响力的个人超级 IP，堪称绝佳范例。

起初，董宇辉在直播领域默默无闻。但他凭借在新东方教学时积累的深厚知识储备，在直播中脱颖而出。他不局限于单纯介绍产品，而是在产品介绍中融入历史、文化、生活等多个方面知识。比如，在介绍大米时，他不会只说大米的产地、口感，而是诗意地讲述三餐四季、人间烟火，把大米与美好的生活联系起来，让观众产生强烈的情感共鸣，这种独特的直播风格逐渐吸引了观众的目光。

在个人风格塑造上，董宇辉以真诚、质朴又不失幽默的形象示人，他被粉丝亲切地称为“兵马俑老师”，独特的外貌和才华形成反差萌，加深了大众印象。同时，他非常注重与粉丝的互动，无论是直播时回答观众提问，还是在社交媒体上回复粉丝留言，都让粉丝感受到了被重视，增强了粉丝黏性。

为了持续输出优质内容，董宇辉不断学习，紧跟热点，让直播内容常看常新。他还积极拓展传播渠道，不仅在抖音平台深耕直播，还参与各类综艺节目、线下活动，进一步提升知名度和影响力。经过长时间的精心运营，董宇辉成功打造个人超级IP，粉丝数量持续攀升，商业价值也水涨船高，众多品牌主动寻求合作。

从以上事例中不难看出，真正的IP不是一夜爆红，而是日积月累、用心经营的结果。那对于怀揣同样梦想的普通人来说，具体该如何着手呢？可以遵循以下五个实操方法来打造自己的IP，以实现个人价值和社会价值的双重提升。

1. 挖出“寄生标签”

打造IP最忌讳的就是凭空捏造人设，这不仅耗时耗力，而且容易显得虚假。聪明的做法是找到那些已经深入人心的、自带流量的“标签”，并与之建立联系，形成自己的“寄生标签”。这些标签可以是职业身份、兴趣爱好、价值观倾向等，关键在于找到与自身特点相符，且具有一定市场认可度的标签。

2. 设计“可搬运符号”

在信息碎片化的时代，能够快速传播的内容往往具有简洁、易懂、易于模仿的特点。因此，要精心设计一些“可搬运符号”，让用户能够轻松地记住你、传播你。这些符号可以是口头禅、标志性动作、独特的视觉形象等，关键在于创造出能够引发用户模仿和二次创作的内容。

3. 启动“负成本运营”

对于初创IP来说，资金往往是最大的难题。因此，要尽可能地利用免费资源，实现“负成本运营”。这包括利用社交媒体平台的免费流量、参与线上线下的活动、与其他IP进行合作等。例如，积极参与社区活动，提升知名度，扩大社交圈。

4. 植入“社交茧房”

人是社会性动物，都渴望归属感和认同感。因此，要尽可能地将用户聚集起来，形成一个充满凝聚力的“社交茧房”。这个茧房可以是微信群、QQ群、论坛、社群等，在其中建立起用户之间的互动和连接，使其成为IP生态系统中的一部分。

5. 制造“失效焦虑”

在信息过载的时代，用户很容易感到焦虑，经常担心错过重要的信息。因此，要巧妙地制造“失效焦虑”，让用户感到不关注你就会错过重要的东西。可以通过发布限时优惠、独家内容、行业资讯等方式实现。

“超级个人IP”是信息时代的产物，它不仅是个人品牌的简单延伸，更是在某个领域内积累的知识、经验和影响力的集中体现。在信息时代，每个人都可以通过互联网放大自己的声音，塑造独特的“专业标签”，吸引志同道合的客户或合作伙伴。

第七章

优化理财规划，用好每一分钱

理财规划如同生活的指南针，指引着资金流向最高效的轨道。优化理财规划，需要一种全局观，既要看到当下资源的合理配置，也要预见长远目标的资金需求。这要求我们需理性审视支出与储蓄，以灵活的策略平衡风险与收益。

让钱生钱，是最好的“守财”

你有没有算过一笔账，辛辛苦苦工作一年，去除生活开销，真正能存下来的钱有多少？更扎心的是，这点钱放在银行里，利息可能还赶不上物价上涨的速度。也就是说，如果你的利息收益不跑赢 CPI，相当于每一年你的资产都在隐形缩水。

CPI，即居民消费价格指数，反映的是物价水平的变动情况。当 CPI 上涨时，意味着同样的货币能购买到的商品和服务变少了。比如，去年 100 元能买到 10 斤猪肉，若今年 CPI 上涨 5%，而你的利息收益仅为 3%，那 100 元将买到不足 10 斤猪肉，实际购买力下降。长期如此，原本计划用于养老、子女教育、购房的资金，会因跟不上物价上涨的速度，难以达成目标。所以，合理配置资产，追求跑赢 CPI 的理财收益，是守护财富、实现财务目标的关键。

所以，不要想着靠存钱让财富快速增值。要让钱为你工作，也就是我们常说的让“钱生钱”，这才是真正的守财之道，甚至是实现财富自由的关键。

对于我们普通人来说，如何才能让钱生钱，实现财富的增值呢？下面分享一些实用的方法。

第一，要做好资产配置。这就好比搭建一座房屋，不同的资产类别就是房屋的不同结构。可以把资产分为四个部分：应急资金、稳健投资、风险投资和长期投资。

应急资金一般建议预留 3～6 个月的生活费用，这部分资金可以存放在流动性强的活期存款或货币基金中，以备不时之需。稳健投资可以选择债券、大额存单等产品，它们的收益相对稳定，风险较低，能够为我们的资产保驾护航。风险投资可以考虑股票、股票型基金等，这部分投资虽然风险较高，但潜在收益也大。长期投资则可以选择房地产、优质基金定投等，通过长期持有，享受资产增值带来的收益。

第二，充分了解自己的风险承受能力。如果你是一个保守型投资者，那么可以将更多的资金配置在稳健投资产品上；如果你能够承受较高的风险，那么可以适当增加风险投资的比例。同时，要对投资的产品进行深入研究，了解其投资策略、历史业绩、管理团队等方面的情况。比如，在选择基金时，要查看基金的评级、基金经理的从业经验和投资风格等。

第三，学会控制风险。投资就像一场冒险，风险无处不在。我们可以通过分散投资降低风险，不要把所有的资金都集中在一个行业或一个产品上。比如，在投资股票时，可以选择不同行业、不同规模的股票进行组合投资。此外，要设定合理的止损和止盈点。当投资出现亏损达到一定比例时，要果断止损，避免损失进一步扩大；当投资获得一定收益时，要及时止盈，锁定利润。

第四，持续学习和积累投资知识。投资理财是一个不断学习和实践的过程，市场环境在不断变化，投资的产品也在不断创新。为此，我们要保持学习的热情，多关注财经新闻、政策法规等信息，不断提升自己的认知和投资能力。可以通过阅读专业的理财书籍、参加理财培训课程、关注财经专家的观点等方式学习投资知识。

第五，要有耐心和长期投资的心态。让钱生钱不是一蹴而就的事情，它需要时间的积累和沉淀。不要为短期的市场波动所影响，要有耐心等待财富增长。只有通过长期稳健的投资，我们才能实现财富的稳步增长。

在一定程度上，财富自由是让钱在不同维度自我繁殖。从这个维度来看，“让钱生钱”不仅是一种理财方式，更是一种生活态度。当你学会用钱购买生产性资产，造出一台台“自动印钞机”时，守财的最高境界就达成了：你不在场，钱在裂变。

复利效应：钱生钱的底层逻辑

先来看一则故事：

有一位国王，特别喜欢下棋。一天，他与一位智者对弈，结果输了。智者请求国王在棋盘的第一个格子里放 1 粒麦子，第二个格子放 2 粒，第三个格子放 4 粒，以此类推，每个格子里的麦粒数量都是前一个格子的 2 倍，直到把 64 个格子都填满。国王心想这太简单了，便爽快地答应了。可当真正开始计算时，他才发现，就算把全国的麦子都拿来，也远远不够！

这就是复利的威力，看似不起眼的开始，经过不断的积累，能产生令人震惊的结果。

复利的本质就是利滚利。简单来说，就是把前一期的利息和本金加在一起当作本金，再计算下一期的利息。用一个公式表示就是：$FV=PV(1+r)^n$。其中：FV 是终值，也就是最终能拿到的钱；PV 是现值，即一开始投入的本金；r 是利率；n 是期数。

这个公式看起来有点复杂，但你可以把它想象成种树。一开始种下的种子就是本金，每年的生长就是利息，随着时间的推移，树会越来越大，结出的果实（财富）也会越来越多。而且，时间越长，复利的效果就越明显，这就是复利的神奇之处。

爱因斯坦曾说："复利是世界第八大奇迹，知之者赚，不知者被赚。"但是，没有人告诉你：如果你从25岁开始每月存2000元，按10%年化收益算，到60岁时能得822万元，但若晚10年开始，最终只有307万元——早启动的10年价值515万元。

沃伦·巴菲特是世界上最成功的投资者之一，他的财富帝国就是建立在复利的基础之上。巴菲特从很小的时候就开始投资，他将每年的投资收益再投入到本金中，让财富像滚雪球一样越滚越大。即使他的年均投资回报率只有20%左右，但凭借长期的复利积累，他最终成为世界富豪。据统计，巴菲特99%的财富都是在他50岁之后获得的。这说明，复利是一个需要长期积累才能看到效果的过程。

那么，对于我们普通人来说，该如何运用复利效应实现个人创富呢？

1. 要尽早开始投资

时间是复利的好朋友，越早开始，复利发挥作用的时间就越长，最终积累的财富也就越多。不要觉得自己现在钱不多，就等以后有钱了再投资。哪怕每月只拿出几百元，只要坚持下去，经过多年的积累，也会有一笔不小的财富。

2. 选择适合自己的投资工具

常见的能产生复利效应的投资工具有很多，如基金定投。基金定投就是定期定额投资基金，通过长期平均成本，降低市场波动的影响。再如，银行定期存款，虽然利率相对较低，但胜在稳定，也能实现一定程度的复利增长。另外，股票投资如果做得好，也能获得较高的复利收益，但风险相对较大，需要有一定的专业知识和投资经验。

3. 注重长线投资

复利效应不是短期内就能看到明显效果的，它需要长期的积累。

市场会有波动，投资过程中可能会遇到各种困难和挫折，但不要轻易放弃。就像种树，不能今天种下去，明天就想看到它结果，需要耐心等待它成长。

4. 避免不必要的开销

减少不必要的开销，能为投资储备更多资金，从而加速复利的积累。在日常生活中，很多看似不起眼的支出，日积月累下来也是一笔不小的数目。因此，要制定详细的每月预算，将收入按必要支出（如房租、水电费、食品等）、储蓄和投资进行合理分配。同时，养成记账的习惯，清晰了解每一笔钱的去向，方便找出可削减的开支项目。要避免冲动消费。

复利效应堪称财富增长的神奇密码，它所蕴含的钱生钱的底层逻辑，深刻影响着个人与家庭的财富积累。只要将其正确应用于投资理财中，便有机会让你的财富像滚雪球一样越滚越大。

守住钱袋子，小心这些“漏财洞”

不少人都有这样的感受：每个月工资到手后，感觉还挺多，但没过几天，钱就像流水一样花光了，甚至不知道花在了哪里。辛辛苦苦工作一年，却发现躺在银行卡上的余额没增加多少。

其实，不是因为自己赚得太少，而是“漏”得太多！那些看似不起眼的消费习惯，就像一个个“隐形杀手”，悄无声息地“偷”走你的财富。所以，想要积累财富，不仅要学会赚钱，更要学会“查缺补漏”，守住你的钱袋子！

小王是个年轻的上班族，每个月工资到手有8000多元。按理说，在三线城市也算是不错的收入了。但是，他是个典型的“月光族”。他喜欢追求潮流，经常买一些新款的电子产品和名牌服装。看到朋友圈里有人晒美食、晒旅游，他也会忍不住跟风。此外，他还经常点外卖、打车，觉得这样可以节省时间和精力。他很少记账，对自己的消费情况一无所知。如此一年下来，他不仅没有存下钱，还欠了外债。

很多时候，即使收入不错，如果不控制消费，不懂得理财，也可能会陷入“月光”的困境。那些看似不起眼的消费习惯，就像一个个“黑洞”，不断地吞噬着你的财富。

那么，具体应该怎么做，才能“查缺补漏”？有这么几个小绝招：

1. 建立预算体系

每月伊始，依据实际收入和固定必要支出，精心制定一份详尽的预算清单。将日常开销细致分类：饮食方面，可划分为早、中、晚餐预算，考虑在家烹饪与外出就餐的比例；购物区分生活必需品和非必需品，避免冲动消费；娱乐预算涵盖看电影、聚会等活动。设定好各类开销上限后，严格执行，可使用记账软件实时记录每笔消费，当某类开销接近预算警戒线时，及时调整消费行为，避免超支。

2. 强制储蓄

每月工资一到账，立即将 30% 的资金划拨到专门的储蓄账户。这个账户可设定为零存整取或定期存款，增加支取难度，不到突发的紧急情况绝不动用。长此以往，不仅能养成良好的储蓄习惯，还能在关键时刻拥有一笔应急资金，应对如失业、疾病等突发状况。

3. 定期盘点资产

每月或每季度末，抽出时间对个人资产进行全面梳理。仔细核对银行存款，确保每一笔收支都记录准确，查看是否存在不明扣费项目。对于理财产品，要关注其收益情况、投资期限以及风险等级变化，以便及时发现潜在的“漏财”点。

4. 拒绝超前消费

要克制过度依赖信用卡、网贷等超前消费工具的冲动。信用卡的透支额度和网贷的便捷借款容易让人产生消费幻觉，导致过度负债。在面对分期付款时，务必冷静分析自身还款能力，计算分期利息成本，避免为了购买超出经济能力的商品而背上沉重债务。

5. 优化保险配置

根据自身的年龄、健康状况、家庭结构和经济责任，合理规划保险种类和保额。可优先配置意外险和医疗险，防范突发意外和疾病风险。同时，定期评估保险计划，随着家庭状况的变化，如结婚、生子、购房等，及时调整保险配置，确保保障全面且合理，守护家庭财富稳定。

6. 学习理财知识

利用业余时间广泛阅读理财书籍，从基础的理财概念学起。同时，积极参加线上理财课程，深入了解基金、债券、股票等各类理财工具的特点和风险。根据自身的风险承受能力，合理配置资产。比如：风险偏好较低的人，可将大部分资金投入稳健的债券和货币基金；风险承受能力较高的人，可适当配置股票型基金，实现资产的稳健增值。

7. 增加收入来源

充分利用业余时间发展副业。若擅长写作，可向各类公众号、杂志投稿，分享知识和经验获取稿费；有教学特长的人，可做家教辅导学生功课；具备商业头脑的人，可尝试开网店，销售特色商品。发展副业不仅能增加财富积累，还能在实践中提升自身能力，拓宽人脉资源，为未来的职业发展和财富增长创造更多可能。

由此可见，"查缺补漏"不仅是简单的节省开支，更是一种对生活和财富的智慧管理。它贯穿生活的方方面面，潜移默化地影响着我们的生活品质。我们应将这种理念融入日常习惯，从点滴小事做起，不断提升自己在这方面的自律能力和决策能力。

延迟满足，为财富增值按下加速键

你是否也有过这样的冲动：看到心仪已久的手表打折，忍不住想立刻收入囊中；刷到网红推荐的爆款零食，立刻下单尝鲜；或者仅仅因为心情不好，就想用购物来“治愈”自己。这些冲动消费行为在当时确实能让我们获得短暂的愉悦，仿佛所有的烦恼都被抛诸脑后。然而，当快递一件件堆满门口时，钱包也在不知不觉中迅速瘪下去。

其实，在每一次冲动消费的瞬间，我们都有另一种选择——延迟满足。延迟满足是一种甘愿为更有价值的长远结果，而放弃即时满足的抉择取向，以及在等待过程中展现出的自我控制能力。它体现的是一种自律和对未来的规划意识，并非压抑欲望，而是理性地对待欲望。

著名的“棉花糖实验”就生动地诠释了延迟满足的意义。在实验中，研究人员给孩子们每人一颗棉花糖，并告诉他们如果能在15分钟内忍住不吃，就可以再得到一颗。结果发现，那些能够成功延迟满足的孩子，在未来的人生中往往表现得更加出色，他们在学业、职业发展以及人际关系等方面都取得了更好的成绩。这个实验表明，延迟满足能力不仅反映了一个人的自我控制能力，更是一种对未来的投资，它能够帮助我们更好地实现自己的目标。

从经济学的视角来看，延迟满足是一种对资源的合理配置。我们的收入是有限的，而欲望却是无穷的。如果我们在每一个当下都毫无节制地满足自己的欲望，那么我们的财富就像流水一样迅速流失，难以实现积累和增值。相反，当我们学会延迟满足，将资金用于更有价值的地方时，如投资自己、储蓄或者进行长期的资产配置，我们就能够让有限的资源发挥出更大的作用，为未来创造更多的可能性。

可见，延迟满足并不是要我们过苦行僧般的生活，而是要学会克制眼前的欲望，将钱用于更有价值的事情上。具体应该怎么做呢？

1. 设定明确的理财目标

确定自己短期、中期和长期的理财目标。短期目标可以是半年内存够一笔旅游资金，中期目标，如在3年内积攒房屋首付，长期目标，如为退休生活储备足够的养老金。明确的目标就像灯塔，当面对眼前的消费诱惑时，能让你时刻牢记自己的长远规划，从而克制冲动消费。比如，当你看到一款限量版球鞋时，想到自己正在为旅游存钱，就能忍住不买。

2. 制定详细的预算

每月根据收入和必要支出制定预算，将各项开销细分。比如，饮食、交通、娱乐等分别设定额度。在购物时对照预算，一旦某项支出接近预算上限，就提醒自己谨慎消费。例如，外出就餐时，若本月餐饮预算快超支，就选择在家做饭，避免超支消费，把钱省下来用在更重要的事情上。

3. 区分“想要”和“需要”

在购买任何物品前，先思考这是真正的生活必需，还是仅仅是想要。比如，口渴时一瓶普通矿泉水就能满足“需要”，而昂贵的进口果汁则可能只是“想要”。通过这种区分，减少非必要的消费，将资金集中在满足生活核心需求和实现理财目标上。

4. 建立消费冷静期

在购买商品或服务时，给自己设定一个消费冷静期。比如，当看到一件喜欢的商品时，不要立即下单购买，而是先将它加入购物车，或者记录下来。过了一段时间，如一周或两周后，再看看自己是否仍然真的需要它。很多时候，经过冷静期的思考，我们会发现自己当初的购买冲动已经消失，这件商品其实并不是我们真正需要的。

5. 寻找替代品

当对某件高价商品有购买欲望时，尝试寻找性价比更高的替代品。比如，想要购买一件昂贵的品牌运动装备，可以在折扣季或者其他平价品牌中寻找功能相似的产品。这样既能满足需求，又能节省资金。

6. 建立奖励机制

为了鼓励自己坚持延迟满足和削减不必要的开销，可以建立一个奖励机制。当你成功地克制了自己的消费欲望，或者达到了一定的储蓄目标时，给自己一个小奖励。这个奖励可以是一直想要买的一本书、一次短途旅行或者一件心仪已久但价格偏贵的礼物。通过这种方式，让自己感受到延迟满足带来的好处，从而更加有动力去坚持。

延迟满足是一种对生活和财富的深度把控，它超越了简单的消费克制，是一种对自我的洞察与成长。当我们学会延迟满足时，在一定程度上，便掌握了生活的节奏，不再为一时的欲望所左右，能够以更从容、更坚定的姿态走向财富自由。

优化理财规划三步法

在财富的征途上，没有一成不变的成功路径，理财规划也是如此。在这个瞬息万变的时代，市场环境犹如六月的天气，说变就变；个人的生活状况也可能像旋转木马一样，充满着起伏和不确定性。灵活优化理财规划，就如同为财富穿上了一层坚实的铠甲，不仅能抵御风险的侵袭，还能助力财富稳健增长。

赵先生有一份稳定的工作。前几年，他看到身边不少人在房地产市场赚得盆满钵满，便跟风将自己大部分积蓄都投入房产中。当时的他满心期待着资产能大幅增值。然而，谁也没想到，随后几年房地产市场风云突变，房价不再一路飙升，反而一路下跌，投资的房产不仅没有带来预期的收益，还背负上高额的房贷。每个月，房贷就像一座大山，压得他喘不过气来，原本轻松的生活变得捉襟见肘。

相对来说，他的同事李女士理财思路则灵活得多。李女士深知市场的不确定性，没有把所有鸡蛋放在一个篮子里。她将一部分资金存为定期存款，确保资金的稳定性和安全性；一部分投入稳健的基金中，通过长期定投，分享市场增长的红利；还留了一些现金作为应急资金，以备不时之需。同时，她时刻关注市场动态，根据经济形势的变化，适时调整投资组合。当股票市场表现良好时，她会适当增加股票型基金的比例；当市场出现波动时，她又会及时将部分资金转移到债券等更稳健的产品中。通过这种灵活的理财规划，李女士的财富实现了稳步增长。

由此可见，理财规划绝不能一成不变，灵活调整至关重要。在这个充满变数的时代，只有根据市场和自身的情况，及时优化理财规划，才能让财富在不同的环境中都能保值增值。

市场是一个复杂的生态系统，受诸多因素的影响，如宏观经济政策、国际形势、行业发展趋势等。这些因素相互交织，不断变化，使得市场充满了不确定性。如果我们的理财规划过于僵化，就很难适应市场的变化，很可能在市场波动中遭受损失。

从个人生活的角度来说，我们的人生充满了各种变化，结婚、生子、换工作、退休等，每一个变化都可能对我们的财务状况产生重大影响。比如，有了孩子之后，家庭的支出会大幅增加，教育费用成为一项重要的开支。此时，就需要调整理财规划，增加教育基金的储备，确保孩子未来的教育有足够的资金支持。

那么，我们该如何优化自己的理财规划呢？关键要做好三步。

第一步：定期对自己的财务状况进行全面评估。

这就好比给财务状况做一次“全身检查”。列出所有资产，包括房产、存款、投资等；同时，梳理所有负债，如房贷、车贷、信用卡欠款等。通过对资产状况的分析，了解自己的财务实力和风险承受能力。此外，还要评估自己的收入和支出情况，看看是否有可以优化的空间。比如，是否有一些不必要的开支可以削减，是否有增加收入的途径。

第二步：根据人生阶段和目标调整理财目标。

不同的人生阶段，我们的财务目标和风险承受能力是不同的。

年轻时，我们的风险承受能力相对较高，可以更多地投资于股票、基金等风险较高但收益潜力较大的产品，以追求资产的快速增值；随着年龄的增长，我们的风险承受能力逐渐降低，此时应增加稳健型资产的配置，如债券、定期存款等，确保资产的安全性。同时，要根据自己的具体目标，如购房、子女教育、养老等，合理安排资金。

第三步：持续学习并动态调整理财规划。

理财知识和市场环境处于不断变化之中，持续学习是优化理财规划的关键。关注财经新闻、政策法规以及行业动态，了解宏观经济形势对个人理财的影响。定期参加理财讲座、阅读专业书籍和财经杂志，学习新的投资理念和工具。例如，随着金融科技的发展，新兴的互联网金融产品不断涌现，通过学习可以判断其是否适合自己的投资组合。

理财规划并非一成不变，需要根据实际情况动态调整。生活中会出现各种突发状况，如失业、疾病、家庭变故等，这些都可能影响原有的财务计划。当遇到重大事件时，要重新审视理财目标和风险承受能力，及时调整资产配置。

不断优化理财规划，合理配置资源，让每一分钱都发挥最大效能，不仅是财富的积累，更是对生活的掌控。它能让我们在面对生活的起伏时，拥有从容不迫的底气，实现从物质充裕到精神富足的跨越，拥抱更自由、更有保障的人生。

债务突围：制定合理的偿还策略

在人生的财富旅程中，债务有时就像不期而至的暴风雨，打乱了我们原本平静的生活节奏。无论是房贷、车贷，还是信用卡欠款、个人贷款，债务的压力常常让人喘不过气。然而，只要我们掌握有效的债务偿还策略，就能在这场财富的“突围战”中找到方向，重新掌控自己的财务命运。

几年前，周先生为了追求更好的生活品质，贷款购买了一套房子和一辆车。起初，每月的还款压力还在可承受范围内。后来，他所在的行业受到市场冲击，收入大幅减少。与此同时，他的信用卡因为一些突发情况也产生了不少欠款。

为了按时还款，他拆东墙补西墙，用一张信用卡套现的钱还另一张信用卡的欠款。随着利息和滞纳金的不断累积，债务像滚雪球一样越来越大。周先生每天都被债务压得心情沉重，生活质量也急剧下降。原本的休闲娱乐活动都取消了，甚至连日常的饮食都变得极为节俭。他感觉自己仿佛陷入了一个无法逃脱的债务“围城”，看不到人生的希望。

其实，周先生的经历并非个例，在现实生活中，很多人都因为各种原因背负了债务，并且在偿还债务的道路上苦苦挣扎。债务不仅给我们带来经济上的压力，还会对我们的身心健康、家庭关系造成负面影响。因此，在有负债的情况下，一定要学会制定合理的债务偿还策略，以减少利息支出，降低债务成本。以贷款为例，如果我们策略性地提前偿还部分本金，就能减少后续的利息计算基数，从而节省大量的利息。

针对不同的情况，在制定债务偿还策略时，可以灵活采用如下一些方法：

1. 债务雪崩法

把所有债务依据利率高低进行排序，将高利率债务放在首位。高利率意味着在相同本金和时间下，会产生更多的利息。以年利率18%的信用卡透支债务和年利率6%的公积金贷款为例，应优先偿还信用卡债务。每月尽可能多地将资金投入高利率债务中，这样能极大地减少利息总额，加快减轻整体债务负担的速度。

2. 增加收入偿债法

积极探索增加收入的途径，利用业余时间从事副业。如果擅长教学，可在业余时间做家教，按每小时50元计算，每周工作5小时，每月就能增加1000元收入。或者通过学习编程、设计等技能，争取在本职工作中获得晋升机会，实现薪资增长。将这些新增收入专门设立一个偿债账户，每月固定拿出一定比例，如50%用于偿还债务，加快债务清零的步伐。

3. 债务重组法

主动与债权人进行诚恳的沟通协商。假如你信用卡欠款较多，年利率高达15%，而当前银行推出的消费贷款利率仅为8%。你可以向银行提出申请，将信用卡欠款转为消费贷款。通过这种方式，你每月还款压力会因利率降低而减轻，债务结构得到优化，后续还款会变得轻松些。

4. 预算控制法

每月初制定涵盖生活各项开支的详细预算。将饮食、交通、娱乐等费用逐一细分，设定明确的消费上限。例如，将每月外出就餐次数限制在 4 次以内，减少购买高价零食和饮料的频率。把节省下来的资金，无论金额大小，全部纳入债务偿还资金池。通过这种精细化的预算管理，提高资金的使用效率，助力债务早日还清。

5. 循环还款法

如果有多张信用卡，信用也不错，就可以利用信用卡还款规则和免息期来偿还债务。在一张信用卡账单到期前，从另一张信用卡取现或预借现金，偿还即将到期的账单。要清楚每张卡的还款日期、取现手续费和利息计算方式。比如：信用卡 A 账单日是每月 5 日，还款日是当月 25 日；信用卡 B 账单日是每月 15 日，还款日是次月 5 日。那在信用卡 A 账单到期前，从信用卡 B 取现还 A，之后在 B 账单到期前，用工资、副业收入等还 B。这样合理规划，就能利用免息期循环资金，缓解债务压力，但千万别过度依赖，防止陷入以卡养卡的恶性循环。

通过上述方法，可以巧妙地整合资源与合理规划财务，有效缓解债务压力，节约债务成本，避免陷入债务困境。

合法节税，实现财富增值

合法节税是指在法律允许的范围内，通过合理规划和安排，减少纳税支出。特别是对于高收入群体或创业人员来说，合理合法地节税是其必须掌握的一项理财技能。即使是普通工薪族，通过合理的税务规划，也能节省一笔可观的税款。同时，税务规划可以帮助我们更好地了解自己的财务状况，提高理财意识，为未来的财富增值打下基础。

孙先生经营着一家小型企业。在企业发展初期，他一心扑在业务拓展上，对税务问题不太重视。随着企业规模的逐渐扩大，利润也越来越可观，每年纳税的额度越来越高。

之前，他常听人说做假账可以少交税，于是便动了歪心思。他让财务人员在账目上做手脚，隐瞒了一部分收入。刚开始，似乎一切都很顺利，企业缴纳的税款确实减少了。然而，好景不长，税务部门在一次例行检查中，发现了他的企业账目有问题。

税务部门要求孙先生补缴税款和滞纳金，还对他逃税的行为进行了高额罚款。这突如其来的打击让孙先生的企业一时间陷入困境，企业信誉也受到严重影响。

不遵守法律法规，试图通过不正当手段节税，最终只会付出沉重的代价。合法节税才是实现财富增值的正确途径。

税收是许多人财富的一部分支出。如果能够在合法的前提下，减少这部分支出，就相当于增加了可支配的财富。这些节省下来的资金，可以用于再投资、扩大生产、提升生活品质等，在一定程度上，是实现了财富的增值。比如，一家企业通过合理的节税措施，每年节省几十万元的税款。企业用这笔钱引进了更先进的设备，提高了生产效率和产品的竞争力，带来更多的利润。这就是合法节税对财富增值的直接推动作用。

那如何合理合法地节税呢？要着重把握这么几点：

1. 充分利用税收优惠政策

国家为了鼓励某些行业的发展、促进经济结构调整等，会出台一系列税收优惠政策。我们要善于发现并利用这些政策。比如，对于小微企业，国家有很多税收优惠措施。符合条件的小微企业可以享受企业所得税的减免政策。企业可以通过合理控制规模、调整经营结构等方式，满足政策要求，从而降低税负。

再如，个人购买符合规定的商业健康保险，在计算个人所得税时可以进行税前扣除。这对于缴纳个人所得税的人来说，也是一个节税的好机会。

2. 合理进行资产配置

不同类型的资产在税收方面有着不同的规定。通过合理配置资产，可以达到节税的目的。例如，投资国债是一种较为稳健的投资方式，而且国债利息收入免征个人所得税。相比其他有利息收入的投资产品，国债在税收上具有明显优势。又如，房地产投资在税收方面也有一些可规划的空间。在一些地区，购买首套住房可享受契税优惠等政策。

3. 巧妙规划企业组织形式

对于创业者来说，选择合适的企业组织形式对节税有着重要影响。有限责任公司和个人独资企业在纳税方面存在差异。有限责任公司需要缴纳企业所得税，股东在分红时还需要缴纳个人所得税，而个人独资企业不缴纳企业所得税，只缴纳个人所得税。创业者可以根据自身的经营情况、发展规划等因素，选择合适的组织形式，以降低税负。

4. 合理安排收入和支出

在个人所得税方面，可以通过合理安排收入和支出的时间节税。比如，一些奖金、提成等收入，如果允许选择发放时间，可以根据自己的纳税情况进行规划。在收入较低的月份发放，可能适用较低的税率，从而减少纳税支出。在支出方面，一些符合规定的捐赠支出等可以在税前扣除。可以在有纳税需求的年份，合理安排捐赠，既做了善事，又达到了节税的目的。

5. 利用税收递延工具

一些税收递延工具可以帮助我们实现节税和财富增值的双重目标。比如，企业年金和个人商业养老保险。企业年金是企业及其职工在依法参加基本养老保险的基础上，自主建立的补充养老保险制度。个人缴纳的企业年金部分，在不超过规定比例的情况下，可以在计算个人所得税时进行税前扣除。这部分资金在积累过程中还可以享受投资收益，在退休领取时再缴纳个人所得税。

通过上述一些方法或工具，在遵守法律法规的前提下，可以减少纳税支出，实现财富的增值。当然，这里的“节税”不是目的，而是一种理财规划的手段。

第八章

持续学习，开启财富进阶之路

财富的进阶之路，本质上是一场认知的马拉松，而非短期的冲刺。持续学习不仅是对未知领域的探索，更是打破自身局限、重塑思维模式的关键。它要求我们以开放的心态拥抱变化，用深度思考剖析复杂问题，并通过不断积累构建属于自己的核心竞争力。

认知越狱：快速突破成长瓶颈

在追求财富的道路上，我们常常会遇到成长瓶颈，仿佛被无形的枷锁束缚，难以再向前一步。这些瓶颈并非源于外部环境的限制，更多的是为自身的认知局限所导致。就如同置身于一座无形的监狱，只有实现“认知越狱”，打破这些认知枷锁，才能快速突破成长瓶颈，开启财富进阶的新征程。

例如，在现实生活中，我们经常会不知不觉陷入认知的牢笼——每天花费大量时间刷短视频，看似获取了很多信息，实则大多是碎片化、无营养的内容。这些信息不断填充我们的大脑，让我们沉浸在短暂的娱乐和轻松之中，却没有真正提升我们的认知。这就是一种常见的认知陷阱，我们称为“信息娱乐化陷阱”。

再如，我们往往会根据以往的经验和习惯来判断事物。过去在某个项目上失败了，就可能在潜意识里认为自己不适合这类项目，从而错过很多潜在的机会。这种“经验定式陷阱”会让我们的思维变得僵化，无法接受新的观念和方法。

还有一种情况，我们容易盲目跟从大众的观点和行为。看到身边的人都在投资某种热门产品，就不假思索地跟风投入，而不考虑自身的实际情况和风险承受能力。这就是“从众心理陷阱”，它使我们失去了独立思考的能力。

这些认知陷阱就像一道道坚固的墙壁，将我们困在其中，限制了我们的视野和思维方式。想要实现财富的快速增长，就必须跳出这些“陷阱”，进行一场“认知越狱”。

1. 深度挖掘个人优势

仔细梳理自己的兴趣爱好、特长技能以及过往经验，将其转化为财富增长的助力。比如，对摄影有浓厚兴趣且技术不错，可以在社交媒体平台分享摄影作品，吸引粉丝关注，进而通过广告合作、付费课程、出售摄影作品等方式变现。不要局限于常规的职业赚钱思路，深度挖掘自身独特之处，才能开辟出意想不到的财富渠道。

2. 利用信息差套利

时刻关注不同领域、不同地区之间的信息差异。在互联网时代，信息传播速度虽快，但仍存在信息不对称的情况。例如，了解到某类农产品在产地价格极低，而在大城市市场却有较高需求和价格空间，就可以通过搭建供应链，将农产品从产地运往城市销售，从中赚取差价。或者关注国内外市场的产品价格差异，从事跨境电商，利用汇率和价格差实现盈利。

3. 参与高端人脉社群

加入行业内的高端人脉社群，如企业家俱乐部、投资人沙龙等。这些社群往往汇聚了行业精英和成功人士。在社群中，通过积极交流和合作，获取内部消息、参与优质项目投资，借助人脉的力量打破自身财富增长的天花板。

4. 反向思维投资

在投资领域，多数人往往跟随市场热点和大众投资方向。但这种方式容易陷入投资陷阱中。当市场过热时，跟风投资很可能面临损失。可尝试运用反向思维，当某个行业或资产被大众普遍冷落时，深入研究其潜在价值。比如，在传统能源行业被部分投资者看衰时，经过详细调研发现，某些企业在技术创新和市场拓展方面有独特优势，可提前布局，待市场形势转变，就能获得丰厚回报。

5. 借助专业工具分析

学会运用专业的金融分析工具和大数据平台，深入了解市场趋势和投资机会。例如，利用股票分析软件，分析股票的历史走势、财务数据、行业对比等信息，辅助投资决策，避免仅凭直觉或小道消息盲目投资。同时，借助大数据平台了解消费趋势、市场需求变化，为创业或投资项目选择提供依据，打破因缺乏数据支撑而导致的认知局限。

当我们成功实现“认知越狱”，突破成长瓶颈后，会发现眼前展现出一片全新的财富视野。我们能够敏锐地捕捉到市场的变化和潜在的商机，做出更加明智的投资决策。

避免被“知识低保”圈养

在这个信息爆炸的时代，每天都有海量的信息通过各种渠道涌入我们的生活——社交媒体、短视频、新闻客户端、在线课程等。从表面上看，我们似乎从未如此“博学”，甚至有一种“我在不断学习”的错觉。其实，我们正在被一种无形的力量——“知识低保”悄然圈养。

“知识低保”指的是那些低质量、碎片化、缺乏深度的信息。它们看似丰富多样，实则营养价值很低，像吃了很多零食却依然饿肚子一样。更可怕的是，这些信息不仅没有帮助我们提升认知能力，反而让我们陷入认知上的“温水煮青蛙”困境——不知不觉中，我们的思维能力正在被侵蚀。

孙女士是一位全职太太，手中有些积蓄，一直希望通过投资实现财富增值。她平时喜欢刷一些短视频，或在各种理财论坛和社交媒体上看一些投资建议与小道消息。这些信息来源繁杂，质量参差不齐，但孙女士深信不疑。

有一次，她看到一个所谓的“专家”推荐了一个新兴的投资项目，不由心动，投入了大量资金。最终这个项目被证实是一个骗局。孙女士的钱打了水漂。最近，她听人说股市行情不错，而且有只潜力股很快就会翻倍。于是，她不假思索地跟风买入20万元。结果这只股票不仅没有涨，反而一路下跌，她被深深套住了。

从孙女士的经历可以清楚地看到“知识低保”带来的危害。首先，过度依赖碎片化、低质量的信息，会破坏我们的思维连贯性和逻辑性。比如，长期沉浸在短视频的碎片化信息中，无法进行深入、系统的思考，导致工作能力下降。其次，“知识低保”会让我们失去独立判断的能力，盲目相信那些未经证实的信息和建议。

如果一个人长期被“知识低保”圈养，那他就很难在复杂的世界中看清一些事情的真相，更别说做出正确的决策了。

要想摆脱“知识低保”圈养，可以从以下几个方面入手。

首先，设定信息筛选标准。面对海量的信息，要学会给自己设定一套筛选标准。比如：关注信息的来源是否可靠，是权威媒体、专业人士还是普通的个人发布；信息的内容是否有深度，是泛泛而谈还是有具体的分析和论证。对于那些来源不明、内容空洞的信息，要果断过滤掉。可以关注一些行业内的知名专家、专业机构的账号或平台，获取高质量的信息。

其次，进行深度阅读和学习。每天安排一定的时间进行深度阅读。可以选择一些经典的书籍、专业的著作，静下心来，深入理解其中的知识和思想。在阅读过程中，做好笔记，记录下重要的观点、案例和自己的思考。同时，参加一些线下或线上的培训课程、讲座，系统地学习专业知识，拓宽自己的知识面。例如，如果对投资理财感兴趣，可以参加专业的理财课程，学习投资理论、分析方法。

再次，实践与反思相结合。将所学的知识运用到实际生活和工作中，通过实践检验和巩固知识。比如，学习了文案策划的技巧后，在实际撰写文案时尝试运用，看看效果如何。同时，要定期进行反思，回顾自己在实践中的表现，总结经验教训。可以建立一个反思日记，记录自己的实践过程、遇到的问题以及解决的方法，不断提升自己的能力。

最后，打造知识交流圈子。与志同道合的人建立一个知识交流圈子，定期进行交流和讨论。在这个圈子里，大家可以分享自己的学习心得、见解和经验，互相启发。不同的人有不同的视角和思维方式，通过交流，可以拓宽自己的思路，发现自己的不足之处。例如，可以组织一个读书俱乐部，大家一起阅读同一本书，然后分享自己的感悟和收获。

在现实中，“知识低保”已经成为不少人财富进阶的核心障碍。只有那些能够打破认知枷锁、持续学习和进化的人，方能书写属于自己的财富故事。

为什么有钱人都在偷偷学习

我们常常会对那些拥有巨额财富的人感到好奇：他们是如何在短时间内积累如此庞大的财富的？他们成功的背后究竟隐藏着什么秘密？其实答案并不复杂：因为他们喜欢学习，而且在持续不断地学习。

对于他们来说，年收入百万元、千万元并非终点，而是攀登更高峰的新起点。在通往财富自由的道路上，学习是永恒的驱动力。他们深知，只有不断提升自己的认知水平和能力，才能更好地驾驭财富，让财富持续增长。所以，他们每天会抽出时间去汲取新知，无论是研读最新的行业报告、深度解析前沿技术，还是聆听专家讲座、参与高端研讨会。

股神巴菲特每天都会花大量时间阅读各类书籍、研究财报，从商业资讯到行业分析，从历史文化到哲学思想，无所不读。他曾说自己的工作就是阅读，通过持续学习，他能精准地把握市场动态和投资机会，做出明智的投资决策，在投资领域始终屹立不倒。

DeepSeek 创始人梁文锋，大学期间炒股就赚到了上亿的财富。但他没有停止学习，在量化交易取得成功后，他又投身人工智能领域。他带领团队不断钻研深度学习算法，在 AI 大模型研发上取得卓越成果，让 DeepSeek 在全球 AI 领域占据重要地位。他始终保持对新技术的好奇与学习热情，不断突破自我，在不同领域创造财富与价值。

由此可见，有钱人之所以有钱的真正原因是他们的思维方式和认知水平要比别人高。持续学习能让人突破认知局限，精准地捕捉市场机遇，为财富增长与事业发展提供源源不断的动力，是实现财富自由和人生价值的关键因素。

具体来说，越是成功的人越喜欢学习的根本原因或动力有这么几个：

1. 对未知的敬畏与好奇

成功的人往往更能体会到自身的局限性和知识的浩瀚无垠。他们越深入了解某个领域，就越意识到自己还有更多未知的领域需要探索。这种对未知的敬畏感，激发了他们强烈的好奇心和求知欲。

这种敬畏和好奇转化为内在动力，驱使他们不断学习，探索新的知识和技能，以应对快速变化的世界，并保持竞争优势。他们深知停滞不前就意味着退步，唯有持续进化才能在激烈的竞争中立于不败之地。埃隆·马斯克这样横跨多个领域的成功人士，正是因为对宇宙、能源、人工智能等领域都抱有强烈的好奇心，才不断地学习和探索，最终实现了多个领域的突破。

2. 认知迭代带来的复利效应

成功的人认识到，学习不仅是获取知识，更重要的是提升认知水平和思维方式。每一次的学习都能带来认知迭代，让他们对事物有更深刻的理解，做出更明智的决策。这种认知迭代带来的复利效应，就像滚雪球，随着时间的推移，效果越来越显著。更深刻的认知能带来更明智的决策，更明智的决策能带来更高的收益，而更高的收益又可以反哺学习，形成正向循环。

3. 享受学习的乐趣和成就感

很多人学习是为了应付考试、获得文凭、找到工作，是为外在压力所迫。而成功的人学习，更多的是出于内在兴趣和对知识的渴望。他们享受学习的过程，并从中获得乐趣和成就感。这种内在驱动力让他们能够更加专注和投入，更容易学有所成。同时，学习本身也成为一种精神享受，让他们感到充实和快乐。比如，很多企业家在功成名就之后，仍然热衷于阅读、写作、艺术创作等活动，并非为了追求更高的物质回报，而是为了满足自己的精神需求，实现自我价值。

4. 解决实际问题和应对挑战

成功的人不会为了学习而学习，而是带着问题去学习，并将学到的知识应用到实际工作中，转化为生产力。这种以问题为导向的学习方式，让他们能够更加高效地获取知识，并将知识转化为实际价值。解决问题的成就感，又会反过来激励他们继续学习，不断提升自己解决问题的能力。尤其是一些创业者，在创业过程中遇到各种难题，他们会主动学习相关的知识和技能，如市场营销、财务管理、技术开发等，以解决实际问题，推动企业发展。

5. 构建更强大的连接和影响力

在当今社会，个人的影响力越来越重要。通过学习，他们可以提升自己的专业能力和认知水平，从而在行业内树立更高的声望，构建更强大的个人 IP。这有助于吸引更多的人才、资源和机会，帮助他们实现更大的目标。同时，他们也可以通过分享自己的知识和经验，影响更多的人，为社会创造更大的价值。例如，一些企业家会积极参与行业论坛、撰写博客、出版书籍等，以便吸引更多的合作伙伴和投资人。

有钱人爱学习，并不是偶然现象。学习是他们实现财富增长的重要手段。对于我们普通人来说，学习同样是实现财富进阶的关键。无论你现在处于什么阶段、从事什么行业，只要有学习的决心和行动，就一定能够不断提升自己，为财富增长创造更多的可能性。

思维升级，突破认知差壁垒

试想，你辛辛苦苦攒了几年钱，终于凑够了启动资金，准备大干一场！可就在这时，各种声音冒了出来："创业风险太大了，还是安稳上班吧！""别瞎折腾，小心血本无归！""你看谁谁谁，创业失败了，赔得倾家荡产！"……

这些声音，是不是很熟悉？它们就像一个无形的"茧房"，把你牢牢地困在原地，让你不敢冒险，不敢尝试，最终错失良机。

想要实现第一桶金，光有努力和执行力还不够，更重要的是要打破那些根深蒂固的"穷人思维"，进行一次彻底的"思维升级"。

1. 打破线性思维，构建多元创富模型

多数人在创富过程中，常陷入线性思维模式，认为财富增长只有一种固定路径，如单纯依靠薪资晋升或者单一产品的销售。但在如今复杂多变的经济环境下，这种思维严重限制了财富增长的可能性。

那些实现财富自由的人，往往能打破线性思维的束缚，构建多元创富模型。例如，一些成功的投资者不仅投资股票、基金，还涉足房地产、艺术品收藏等领域，通过不同资产的配置，实现财富的稳健增长。

行动建议：拓宽自己的视野，学习不同领域的创富知识，尝试跨行业、跨领域的投资和创业。定期评估自己的财富结构，寻找新的增长点，不断完善多元创富模型。

2. 摒弃短视行为，培养长期主义眼光

很多人在追求财富的道路上，过于关注眼前的利益，只看重短期的回报，而忽视了长期的发展潜力。比如，有人在创业时，为了节省成本，采用低质量的原材料，虽然短期内降低了成本，但损害了品牌声誉，影响了长期的发展。与之相反，那些具有长期主义理念的人，更注重企业的长期价值和品牌建设，愿意为了长期的成功而忍受短期的困难。

行动建议：在做任何创富决策时，都要从长远的角度去思考，评估决策对未来5年、10年，甚至更长期的影响。制定长期的财富规划，设定阶段性目标，坚定地朝着长期目标前进，不要为短期的诱惑或困难所左右。

3. 走出“舒适区”，挑战常规认知

思维“茧房”最显著的表现就是对现状的满足和对变化的抗拒。很多人认为“安于现状”是一种稳妥的选择，但这种心态恰恰限制了我们的视野和行动力。

互联网行业的快速发展就是一个典型的例子。早期，许多人认为“互联网只是昙花一现”，但那些敢于跳出传统思维的人，在电商、社交、短视频等领域掘得了第一桶金。

行动建议：尝试每天问问自己，如果打破常规，这件事会有哪些不同的可能性。通过这种思考方式，逐步培养突破定式的习惯。

4. 打破专业壁垒，寻找交叉机会

在知识经济时代，单一领域的经验已经不足以应对复杂多变的市场环境。跨界学习能够帮助我们发现不同领域之间的连接点，从而创造新的价值。比如，日本茑屋书店创始人增田宗昭通过将书店与咖啡馆、生活方式体验相结合，成功将茑屋书店打造成一个文化与商业相结合的标杆企业。这种跨界的思维模式为他带来了巨大的商业成功。

行动建议：尝试将不同领域的知识结合起来，寻找潜在的交叉机会。例如，将心理学与市场营销相结合，或将科技与传统手工艺相结合。

5. 关注小众领域，寻找蓝海机会

在传统行业中，“红海”竞争激烈，机会有限，而在某些小众领域，“蓝海”可能隐藏着巨大的潜力。比如，近年来兴起的古风饰品定制，起初鲜有人关注，可随着国潮文化的升温，其需求大增。这类小众领域竞争小、发展空间大，只要敏锐捕捉，把握先机，就能开启创富大门。

行动建议：定期关注新兴行业动态，尤其是那些尚未被广泛认知的领域。通过市场调研和数据分析，找到具有潜力的细分市场。

6. 从“跟随者”到“开创者”

在财富的赛道上，多数人习惯成为“跟随者”。他们看到别人做电商成功了，便蜂拥而上模仿运营模式；看到他人靠直播带货获利，也急忙跟风效仿。但真正的财富密码，往往藏在无人涉足的领域。比如，早期投身短视频创业的人，在这片新兴领域摸爬滚打，开创出独特商业模式，收获了巨大财富。要想挖掘巨额财富，就得有勇气跳出跟随思维，成为“开创者”，探索未知领域。

行动建议：培养创新思维，学会从“0到1”的思考方式。不要害怕尝试别人未曾走过的路。

只有进行思维升级，突破认知差壁垒，你才能拥有更广阔的视野、更强大的行动力，才能抓住更多的机会，实现财富的增长。很多时候，普通人和千万富翁之间，其实只差一个“思维升级”！

持续复盘，改进策略

很多人都有这样的经历：信心满满地启动一个项目，结果却一败涂地；明明已经很努力了，成果却总是不尽如人意。这往往意味着，你的策略可能需要“升级”了。而“复盘”，就是你“升级”策略最有效的工具。

试想，你是一位将军，率领军队打仗。如果只顾着往前冲，而不去总结经验教训，那么很可能会在同一个地方跌倒无数次。通过“复盘”，能够发现问题，进而改进战术，最终取得胜利。

同样的道理，在创业的路上，我们也必须学会“复盘”，定期回顾投资决策、商业运营的全过程。细致分析每一次成功背后的关键因素，以及失败时所暴露出的问题。通过不断总结这些经验教训，优化经营策略，调整投资方向，方能在复杂多变的财富浪潮中稳步前行。

郝先生是一位年轻的创业者，他看中了直播带货的风口，决定辞职创业。他投入大量的资金和精力，搭建了直播间，招募了团队，每天都直播到深夜。然而，几个月过去了，直播间的效果却不尽如人意。他非常困惑：自己每天都在努力直播，为什么效果不好呢？

他开始抱怨平台不给流量，抱怨竞争对手太强大，抱怨产品没有优势……但他始终没有停下来认真思考：

我的目标用户是谁？

我的直播内容是否吸引人？

我的产品定价是否合理？

我的营销策略是否有效？

最终，由于资金耗尽，他不得不放弃创业。

郝先生的失败，并非偶然。他最大的问题在于，只顾埋头苦干，却忽略了“复盘”的重要性。他没有认真分析直播数据，没有了解用户需求，没有及时调整策略，最终导致失败。

在创富的赛道上，成功绝非偶然，而是一系列正确决策与持续优化的结果。复盘，作为一种强大的自我提升工具，能够帮助我们深度剖析过往的创富经历，从中汲取智慧，实现跨越式成长。不做复盘，就像盲人摸象，永远无法了解事情的全貌。

当然，复盘并非简单地回顾，而是通过对过去行为的深入分析，找出成功与失败的原因，并从中提取有价值的经验教训。具体来说，有效的复盘要遵循以下五个关键步骤：

1. 回顾目标

明确目标是创富复盘的基石。以创业为例，起初设定的目标可能是在一年内开设三家分店，且每家分店的月营业额达到10万元。这个目标必须清晰、具体、可衡量，如此才能为后续的复盘提供精准方向。倘若目标模糊，如“想赚很多钱”，便无法确切评估努力的成效，复盘也会失去意义。

2. 评估结果

客观的评估结果是对创富实践的一次全面审视。继续以上述创业为例，在一年期满后，只开设了两家分店：一家店月营业额稳定在12万元，表现出色；另一家店仅达到8万元，未达预期。通过这样的细致对比，清晰地呈现实际结果与目标之间的差距，明确哪些方面取得了成功，哪些方面存在不足。

3. 分析原因

深入分析原因是复盘的核心环节。针对分店开设数量未达标的情况，要分析并找到原因：可能是资金筹备不足，影响了扩张速度；也可能是市场调研不够充分，选址出现偏差。而对于营业额有差异的两家分店，成功的那家店之所以成功或许是因为市场定位精准，契合了当地消费者需求；失败的那家店之所以没有成功则可能是营销推广不力，导致知名度较低。只有精准找出原因，才能为后续改进提供依据。

4. 总结经验

从创富经历中总结经验，是实现自我提升的关键。经过上述分析，可以总结出：在未来的创业扩张中，要提前做好充分的资金规划，拓宽融资渠道；加强市场调研，运用科学方法进行选址；在经营过程中，注重精准营销，要根据不同地区的消费特点制定营销策略。

5. 改进策略

基于总结的经验教训，制定并实施新策略是复盘的最终落脚点。比如，在后续的创业计划中：制定详细的资金预算表，与多家金融机构建立合作关系；利用大数据分析工具，进行更深入的市场调研，确定最佳选址；针对营销推广，制定多元化的营销方案，结合线上线下渠道，提升品牌知名度。

成功没有捷径，只有不断改进。而复盘，就是我们在创富路上不断“改进”的最有效的策略。从现在开始，养成复盘的习惯，让每一次复盘都成为通往成功的“加速器”。

警惕隐蔽的财富陷阱

通往财富的道路并非一帆风顺，遍布着各种各样的陷阱，有些陷阱显而易见，如高息诱饵、庞氏骗局，有些陷阱则隐蔽而狡猾，它们伪装成机遇、趋势，甚至常识，悄无声息地蚕食你的财富。

比如：有的人盲目跟风，投资那些自己并不了解的项目，结果血本无归；有的人为“快速致富”的生意经所迷惑，最终倾家荡产；有的人因为贪图便宜，结果损失惨重。这些隐蔽的财富陷阱时刻威胁着人们的资产安全。不少人之所以屡屡中招，背后有着复杂而深刻的逻辑——人性中的贪婪与恐惧被骗子巧妙利用。

陈先生一直渴望通过投资实现财富增值。有一天，他在网上看到一个号称“高回报、零风险”的投资项目，承诺每年收益率高达30%。他心动不已，毫不犹豫地将自己多年的积蓄全部投入其中。起初，他确实收到了一些所谓的“收益”，这让他坚信这个项目的可靠性。然而，好景不长，几个月后，平台突然关闭，客服也联系不上，他的投资血本无归。

像陈先生这样的案例并不少见，许多人在面对高收益的诱惑时，往往失去理性判断，最终成为财富陷阱的受害者。

不论是创业，还是投资理财，人们经常遭遇的隐蔽财富陷阱主要有这么几类：

1. 庞氏骗局

在所有骗局中，最常见的一种当属庞氏骗局。庞氏骗局，简单来说，就是利用新投资者的钱向老投资者支付利息和短期回报，制造赚钱的假象，进而骗取更多的投资。比如，曾经轰动一时的麦道夫案。麦道夫以高额回报为诱饵，吸引了大量投资者。他用新投资者的资金支付早期投资者的回报，让人们误以为这是一个可靠的投资项目。在长达数十年的时间里，麦道夫骗取了投资者高达 650 亿美元的资金。直到 2008 年金融危机爆发，资金链断裂，这场骗局才最终被揭开。麦道夫也因诈骗罪被判处 150 年监禁。

2. 原始股骗局

在财富梦想的诱惑下，原始股骗局屡见不鲜。不法分子精心编织谎言，将自己的公司吹嘘成即将上市的潜力股，向投资者大肆兜售“原始股”。他们信誓旦旦地保证，上市后股价将一飞冲天，投资者可以坐等数倍甚至数十倍的收益。实际上，这些公司可能只是空壳，毫无盈利能力与上市资质。比如，有些所谓的科技公司，在没有任何实际业务和技术支撑的情况下，向众多投资者售卖原始股，声称半年内就能登陆科创板。众多投资者怀揣着暴富梦想纷纷入局，很快，公司人去楼空，投资者血本无归。

3. 网络贷款骗局

急需资金周转的人往往容易成为网络贷款骗局制造者锁定的目标。虚假贷款平台打着“低利息、无抵押、快速放款”的幌子，吸引着那些被资金难题困扰的人。一旦有人上钩，在申请贷款时，各种奇葩收费名目便接踵而至，手续费、保证金、解冻费……受害者按照要求转账后，等来的不是贷款到账，而是对方失联的噩耗，自己的钱也打了水漂。

4. 消费返利陷阱

某些消费返利平台承诺消费者购物后全额或高额返利，如消费1000元，未来几个月甚至几年内会陆续返还数千元。起初，平台确实会按照承诺返利，让消费者尝到甜头，吸引更多人参与。随着参与人数呈几何倍数增长，平台资金缺口越来越大，最终资金链断裂，平台瞬间消失。

5. 养老项目骗局

骗子们推出养老公寓预售、养老理财产品等项目，以高额回报、优质养老服务为诱饵，诱导老人投入毕生积蓄。有的所谓养老公寓，只是在偏远地区圈了一块地，连地基都没打就开始售卖。还有的养老理财产品，根本没有实际投资项目，只是将新投资者的钱付给老投资者。一旦资金链断裂，老人的养老钱就没了，晚年生活随之陷入困境。

6. 收藏品投资骗局

出于人们对收藏品升值的期待，骗子宣称有珍稀邮票、纪念币、古玩等，具备巨大的升值空间。为了让骗局更具迷惑性，他们还会雇用“专家”进行虚假鉴定和估值，诱使投资者高价购买。可这些收藏品不是赝品，就是市场价值远低于售价。比如，曾有骗子团伙售卖号称清代官窑的瓷器，经“专家”鉴定价值百万元，许多投资者花大价钱购买，最后发现不过是现代仿制品，才值几十元。

7. 互助理财骗局

这种骗局打着“互助共赢”的旗号，建立网络互助理财平台。参与者需缴纳一定的金额成为会员，通过发展下线获取收益。平台利用新会员的资金支付给老会员作为回报，形成金字塔结构。随着新会员的增长放缓，平台必然崩塌，绝大多数参与者血本无归。

了解上述隐蔽的财富陷阱，有助于我们在追求财富的道路上保持清醒的头脑，不为表面的利益所迷惑，更好地保护自己的财富。

财富自由不是终点，而是开始

如果你问一个人:“财富自由后，你最想做什么？”

对方大概会描述这样一幅人生场景:辞掉不喜欢的工作，住进梦寐以求的豪宅，每天睡到自然醒，想去哪里旅行就去哪里旅行……

人生要活得有意义，就不能只想着“用钱解决所有问题”。其实，财富自由只能解决“生存”问题，无法解决“意义”问题。如果一个人把财富自由当成终点，那么当他实现这个目标后，可能会发现人生失去了方向，不知道该往哪里走。

事实上，许多真正财富自由的人并不会在纸醉金迷中迷失，也不会在这种看似惬意的生活里沉溺太久。他们清楚，物质充裕只是生活的基础，真正的满足来自精神的富足与对社会的贡献。所以，很多人在事业上取得成功，或富裕之后，会将一部分精力、时间投入教育、公益事业；有的人会把资金投入前沿的科研领域，为攻克医学难题、推动科技进步贡献力量；有些人则专注于文化传承，致力于让古老的传统技艺和濒临失传的文化瑰宝重焕生机；等等。

从马斯洛需求层次理论来看，人类的需求从低到高分为生理需求、安全需求、归属与爱的需求、尊重需求和自我实现需求。在财富自由之前，人们往往将大量的时间和精力投入到满足生理和安全需求上，也就是努力获取足够的物质财富来保障基本生活、应对突发情况等。而一旦实现了财富自由，物质层面的需求得到了极大程度的满足后，便有了迈向更高层次需求的渴求。

财富自由为人们提供了摆脱物质束缚的机会，使其能够追求更高层次的人生价值，在精神层面不断探索和成长。从这个意义上说，财富自由不是终点，而是开始。

1. 从“生存”到“创造”的跨越

生命的意义，不在于你拥有多少，而在于你创造多少。在实现财富自由之前，我们往往为生存的压力所束缚。每天的工作就是为了支付账单、养家糊口，这种状态让我们失去了对生活的主动权。财富自由的到来，意味着我们不再为基本需求而焦虑，可以将更多的精力投入到更有意义的事情中去。

也就是说，当基本需求得到满足后，我们会开始思考生活的真正意义：是追求物质的堆砌，还是寻找内心的平静？是沉溺于享乐，还是通过创造为世界带来改变？财富自由给了我们选择的权利。我们可以选择自己喜欢的工作方式、生活方式，甚至可以选择不工作。这种选择权本身就是一种极大的自由。

2. 解锁多元人生体验

在实现财富自由前，人们受限于经济条件，生活选择相对单一。一旦实现了财富自由，便有了探索世界的资本。可以去学习潜水，探索神秘的海底世界；也可以报名参加顶级的烹饪课程，学习世界各地的美食制作；还可以跟随科考团队，深入极地了解独特的生态环境。这些丰富的体验能极大地拓宽个人视野，让生活充满新鲜感和乐趣，开启人生新的探索篇章。

3. 实现自我价值飞跃

在追求财富自由阶段，人们更多关注的是经济回报。而财富自由后，人们将目光投向自我价值的深度挖掘。例如，一位曾经为了生计奔波的商人，财富自由后投身于自己热爱的文学创作，用文字表达内心的情感和对世界的思考，即便作品不会带来丰厚的经济收益，在创作过程中，却享受到精神的愉悦，实现了从物质追求到精神创造的转变。

4. 承担社会责任，回馈社会

随着财富的积累，人们往往会更加关注社会问题，承担更多的社会责任。财富自由让人有能力去帮助他人，改善社会，为世界做出贡献。这时，财富不再只是个人的私有财产，而是一种社会资源，可以用来创造更大的价值。例如，一位慈善家在实现财富自由后，捐资助学、改善医疗条件、保护环境，为社会做出积极贡献。

5. 满足更高层次的精神追求

随着物质需求得到满足，人们会渴望更高层次的精神满足。在实现财富自由后，可以收藏珍贵的艺术品，深入研究艺术史，参加高端的艺术鉴赏活动，提升审美素养；也能专注于哲学、宗教的学习与思考，探寻人生的终极意义，在精神层面不断探索和成长，让心灵得到深度滋养。

在漫漫人生旅途中，财富自由不是一个终点站，而是一个加油站。它只是给了我们重新定义生活的权利，为我们提供了更多选择、更多机会。因此，追求财富自由的更重要意义在于不断地成长、突破，收获更多独特的人生体验，实现更大的人生价值。